成长中的教育家

邵风速签

好家长核心素养十六讲

尚小斌　刘兆清◎编著

吉林大学出版社

·长春·

图书在版编目（CIP）数据

好家长核心素养十六讲 / 尚小斌，刘兆清编著.
长春：吉林大学出版社，2024. 9. -- （成长中的教育家 /
姜晓波主编）. -- ISBN 978-7-5768-3603-5

Ⅰ. G78
中国国家版本馆CIP数据核字第2024RP7442号

书　　名　好家长核心素养十六讲
　　　　　HAOJIAZHANG HEXIN SUYANG SHILIU JIANG

作　　者　尚小斌　刘兆清
策划编辑　朱　进
责任编辑　周春梅
责任校对　孙　琳
装帧设计　王　强
出版发行　吉林大学出版社
社　　址　长春市人民大街4059号
邮政编码　130021
发行电话　0431-89580036/58
网　　址　http://www.jlup.com.cn
电子邮箱　jldxcbs@sina.com
印　　刷　三河市龙大印装有限公司
开　　本　787mm×1092mm　　1/16
印　　张　13
字　　数　200千字
版　　次　2025年1月　第1版
印　　次　2025年1月　第1次
书　　号　ISBN 978-7-5768-3603-5
定　　价　60.00元

前　言

　　2018年全国教育大会，习近平总书记强调"办好教育事业，家庭、学校、政府、社会都有责任""教育、妇联等部门要统筹协调社会资源支持服务家庭教育"（习近平，2018）。2019年中共中央、国务院印发《中国教育现代化2035》《加快推进教育现代化实施方案（2018—2022年）》，也强调了家庭教育的重要性。在新时代的特殊历史环境中，在独生子女政策与"二孩"政策转换的重要转折点，家庭教育更具有时代特色，党和政府对家庭教育的认识和重视达到了新的高度。

　　多年的家校协同育人工作使我们认识到，家长的教育素养是影响家庭教育质量的关键因素，而在家长教育素养中起重要作用的则是家长核心素养。2019年春天，我们决定从提高家长核心素养入手，成立了县域中小学家庭教育讲师团，开始了有计划的家庭教育知识宣讲活动。同时，确定以"新时代家长核心素养及其培养的县域探索"为题（该课题于2019年被立项为山东省教育科学"十三五"规划课题），组织科研力量进行科学研究。

　　通过研究，我们提出了家长教育素养的构成要素，即教育观念、教育品格和教育能力。我们还对家长核心素养作出了明确定义，即家长核心素养是家长为适应孩子成长需要和社会发展对人才的要求，进行家庭教育的正确教育价值观、必备教育品格和关键教育能力。其中，正确教育价值观是核心，是导向；必备教育品格和关键教育能力是依托，是情感和动力系统。在此基础上，研究构建起包括16个要素的家长核心素养基本框架。其中，正确教育价值观是家长进行家庭教育的基本信念，是家长教育子女的最重要内容。正确教育价值观包括身心健康、道德品质、行为习惯、生活能力等四个关键要素，也就是说，家长要注重对孩子身心健康、道德品质、行为习惯、生活能力等四个方面的教育和培养。必备教育品格是指家长进行家庭教育必须具备的品质。家长必备教育品格包括：慈爱、诚信、耐心、信任、接纳、平和、民主、尊重等。关键教育能力是指家长在家庭教育中对孩子发挥作用的关键属性和力量。家长的关键教育能力包括儿童认知能力、教法应用能力、问题沟通能力、行为评价能力四个方面。

为了更好地转化应用研究成果，为县域甚至更大范围内的中小学和家长提供有价值的家庭教育指导服务，我们组织编写了《好家长核心素养十六讲》一书。本书围绕家长核心素养的16个要素，共分16讲，每一讲后面有篇数不等的由县域教师、家长撰写的教育故事、随笔和经验总结，并由部分专业家庭教育指导教师进行点评。整个书稿内容通俗易懂，具有较强的可读性，是学校进行家庭教育指导和家长进行自我修炼的重要参考。现付梓印刷，以飨读者。由于时间有限，难免有不足和疏漏，敬请谅解和批评指正。

编者

2024年3月

目 录

第一章 好家长的四个观念

第一讲 注重身心健康教育…………………………………………… 1

　　家庭教育故事：给孩子心灵插上乐于分享的翅膀………………… 7

　　家庭教育故事：今天，我第一次跟孩子说你不好看……………… 10

第二讲 注重道德品质教育…………………………………………… 13

　　家庭教育故事：孝敬长辈惜亲情，心怀感恩永怀念……………… 16

　　家庭教育故事：教而有"品"，"行"将致远…………………… 19

第三讲 注重良好习惯培养…………………………………………… 22

　　家庭教育故事：做智慧父母，育阳光孩子………………………… 28

　　家庭教育故事：成熟宝贝与幼稚妈妈……………………………… 30

第四讲 注重生活能力培养…………………………………………… 33

　　家庭教育故事：我能行……………………………………………… 38

　　家庭教育故事：家庭教育从"小"做起…………………………… 40

第二章 好家长的八种品格

第五讲 慈 爱………………………………………………………… 45

　　家庭教育故事：爱我，你就抱抱我………………………………… 49

　　家庭教育故事：稳定的情绪，自信的孩子………………………… 51

第六讲 诚 信………………………………………………………… 53

　　家庭教育故事：诚信陪伴，用心浇灌……………………………… 57

　　家庭教育故事：诚信为灯，引路前行 ·············· 59

第七讲　耐　心 ································· 62

　　家庭教育故事：我的第二次童年 ················ 67

　　家庭教育故事：长长的路，我们慢慢走 ············ 70

　　家庭教育故事：与耐心同行 ·················· 73

第八讲　信　任 ································· 76

　　家庭教育故事：信任孩子，他们拥有无限的潜力 ······ 82

　　家庭教育故事：信任是爱的最好证明 ············· 84

第九讲　接　纳 ································· 87

　　家庭教育故事：接纳孩子成长中所有的惊喜 ········· 93

　　家庭教育故事：纳谏如流，健康成长 ············· 96

　　家庭教育故事：接纳孩子，助力腾飞 ············· 98

第十讲　平　和 ································· 101

　　家庭教育故事：心态平和，快乐常在 ············· 107

　　家庭教育故事：平和——家庭教育"智慧" ········· 109

　　家庭教育故事：平和教育从"心"开始 ··········· 112

第十一讲　民　主 ······························ 115

　　家庭教育故事：无法击败的一生之敌 ············· 121

　　家庭教育故事：家庭决策中的民主实践 ··········· 125

第十二讲　尊　重 ······························ 128

　　家庭教育故事：尊重，成了孩子翅膀下的风 ········· 133

　　家庭教育故事：尊重孩子，学会放手 ············· 135

　　家庭教育故事：乐高悲惨事件 ················· 139

第三章　好家长的四项能力

第十三讲　认识儿童能力 ························· 142

　　家庭教育故事：小小悟空成长记 ··············· 148

家庭教育故事：用爱呵护，慢慢成长 …………………………… 152

第十四讲　选择教法能力 …………………………………………… 156

家庭教育故事：热炉法则助力培养孩子的规则意识 …………… 159

家庭教育故事：与"小蜗牛"一起探索：从垃圾桶开启的家庭教育

之旅 ……………………………………………………………… 163

第十五讲　亲子沟通能力 …………………………………………… 165

家庭教育故事：学会表达，学会爱 ……………………………… 171

家庭教育故事：好好说话，拯救拖拉的内向"老大" …………… 174

家庭教育故事：亲子沟通——家庭和谐的重要因素 …………… 177

第十六讲　行为评价能力 …………………………………………… 180

家庭教育故事：家庭教育的指南之星 …………………………… 184

家庭教育故事：陪孩子一起成长 ………………………………… 187

参考文献 …………………………………………………………… 191

第一章　好家长的四个观念

正确教育价值观是家长进行家庭教育的基本信念，是家长认为教育子女最重要的内容。正确教育价值观包括身心健康、道德品质、行为习惯、生活能力等四个关键要素，也就是说，家长要注重对孩子身心健康、道德品质、行为习惯、生活能力等四个方面的教育和培养。

第一讲　注重身心健康教育

家长朋友们，当我提出"我们希望培养一个什么样的孩子"这一问题时，我总是听到大家一致的回答，"我希望培养一个身心健康的孩子"。是的，这是我们千万家长的共同心愿。但是，在日常生活中，相对于"身心健康"，我发现"聪明"才是家长们谈论、评价孩子时更多使用的词汇。事实上，许多家长把聪明排在了对孩子期望的第一位，其次是考试成绩好，再次是会钢琴、篮球，参加奥数班，会跳舞等。除此之外，可能是多多参加比赛得奖，考上名校。可以说，太多的家长期望孩子考个好大学、找个好工作、赚很多钱、有成就、出人头地。

尽管我们在心里都知道身心健康重要，并且也都把健康排在了养育孩子的第一位置上，但是在生活中，我们却往往忽略了孩子的身心健康，而把眼光放在了聪明、考试成绩好、会才艺、考上好大学、找个好工作上面了。究其实质，还是在思想深处没有真正重视身心健康。

因此，本讲我将着重梳理身心健康的重要性，介绍与身心健康教育相关的一些做法，希望对家长们有所帮助。

一、身心健康的内涵

身心健康，是立德树人的基础和底线。身心健康包括身体健康、心理健康和社会适应三个方面。身体健康是指儿童躯体的健康，比如主要脏器无疾病，身体形态发育良好，体形均匀，人体各系统具有良好的生理功能，有较强的身体活动能力和劳动能力，对疾病的抵抗能力较强，能够适应环境变化、各种生理刺激以及致病因素对身体的作用。良好的生长发育、适当的营养、充足的睡眠和适当的运动等是身体健康的基本条件。心理健康是指儿童在认知、情感、行为和社会交往等方面的健康状态，包括积极的情绪、良好的自我意识、适当的社交能力和应对压力的能力等。社会适应是指儿童在社会环境中适应和应对各种挑战，包括良好的人际关系、适应学校和家庭环境、遵守社会规则和道德规范等。

身心健康对儿童的影响是多方面的。身体健康是儿童成长和发展的基础，它直接影响儿童的学习能力、行为和社交能力，身体健康的儿童更容易保持精力充沛、注意力集中和积极的学习态度；心理健康的儿童更容易建立积极的自我形象、培养良好的情绪管理能力和应对压力的能力，从而更好地应对生活中的挑战；良好的社会适应能力可以帮助儿童建立良好的人际关系、适应学校和家庭环境、遵守社会规则和道德规范，从而更好地融入社会。儿童身心健康还对家庭和社会的稳定和发展具有重要意义，身心健康的儿童更容易成为有责任感、有爱心和有创造力的公民，为家庭和社会的发展作出贡献。

二、身心健康教育存在的问题

目前我们家长在儿童身心健康教育方面存在各种问题，下面我从身体健康教育和心理健康教育两个方面来做一些分析。

（一）身体健康教育方面

我们先来听一个案例。一位家长因为孩子不喜欢吃饭要带他去医院检查。孩子对什么食物都没有胃口，正常来说一年级的男孩应该是每天放学都吵着饿想要吃饭。医生检查了孩子的身体，告诉家长孩子没病，也不用拿药，回家让孩子多跑多跳多运动就可以了。了解后得知这位家长中年得子，三代单传，对孩子宠爱有加，从来不允许孩子去楼下玩，生怕孩子磕着碰着，天冷担心孩子冻感冒，天热担心孩子中暑，用全家上下两代六个长辈的关心把孩子完全保护起来。但这种保护的结果，不仅不是对孩子好，反而是对孩子的深深伤害，甚至连吃饭这样的事情孩子都逐渐没兴趣了。

家长在爱的名义下，以不当的行为对孩子造成了如此伤害，然而，有太多的家长深陷其中却完全没有意识到。或许这个案例有些极端，但在生活中，类似的例子就在身边。比如，有些家长不仅在家里把孩子保护得好，而且孩子在学校里稍微有些磕碰就会对老师大吵大闹。这样做的结果，就是让老师和学校胆战心惊、谨小慎微，教育活动更不敢放手进行，所以就有了太多学校的管理"怪现象"。下课不准孩子跑，课间不准孩子到操场玩，甚至有的学校要求老师课间交接班，教室里随时要有老师在，以免孩子出现意外。这些行为看似是时时刻刻很认真地保护孩子，但从长远来看，孩子将失去身体的正常发育，甚至失去基本的自我保护能力，对孩子一生的身体健康是非常不利的。

说孩子会失去基本的自我保护能力，这绝对不是危言耸听，现在很多孩子摔倒的时候不会用胳膊撑地保护头部。记得几年前有个孩子在走廊里摔倒把门牙磕断了，正常来说在当时的条件下，孩子摔倒的一刹那应该出于本能让胳膊先着地，这样就会避免磕头甚至摔断门牙了。但事实是，我们的孩子生活经验太少了，根源正是家长过度保护使孩子失去了自我保护能力。

这些发人深思的案例背后，存在着深层次的心理学原理。教育心理学家桑代克明确提出"学习即联结"，即学习的实质就是有机体形成"刺激"（S）与"反应"（R）之间的联结。同时，他还认为学习的过程是一种渐进地尝试错误的过程。在这个过程中，无关的、错误的反应逐渐减少，而正确的反应最终形成（祝红，2008）。根据他的这一理论，人们称他关于学习的论述为"试误说"。从试误说我们可以知道，孩子们是在成长过程中对新鲜事物是进行探索的，此过程可能包括冒险甚至是危险，但就是在一次次尝试错误和危险的过程中，他们取得了快速的成长。

回到磕断门牙孩子的例子，如果家长没有选择过度保护孩子，孩子或许会在幼儿阶段把门牙磕掉，但是要知道幼儿阶段的门牙是乳牙，即使磕掉也可以再长出来，但是进入儿童期更换的恒牙一旦损坏，就无法自行长出，也就是受到了不可逆的伤害，所以希望家长们知道，这种过度的身体保护，不是真正的保护。真正的成长需要让孩子们在一次次的主动探险中，拥有自我身体保护意识，而正是这种自我保护意识才是让孩子们健康成长，乃至平安一生的最好保障。

（二）心理健康教育方面

除了身体健康教育的问题，家长在儿童心理健康教育方面也存在问题。心理健康问题常常更加隐形，因此很难引起家长足够重视。很多家长往往给孩子提供了丰富的物质生活条件，给足了身体营养，但是却给了孩子一个乏味的精神世界，造成了孩子心理土壤的贫瘠。

在孩子心理健康教育中有个安全感的问题尤为重要。安全感看不见摸不着，所以很多人觉得它是虚无缥缈的东西，也有很多家长认为讨论孩子安全感不足是小题大做、无病呻吟。从心理学上讲，孩子拥有安全感对孩子们的成长发展至关重要，因为安全感是孩子们能够进一步体验到幸福感的前提。幸福感是人们对其生活质量所做的情感性和认知性的整体评价。一个人是否幸福是由自己的主观认知决定的，而幸福感的背后往往关联着一个人的安全感。一个得到良好社会支持的孩子，内心往往是充满安全感的，同时安全感的需要位于马斯洛的需要层次理论的第二层次，属于低层次需要，当安全感的需要被满足后，孩子们才可以用心感受到家庭、学校、同伴带来的情感支持，当安全感的需要被满足后，孩子们往往能自发产生追求尊重、自我实现等高层次的需要，推动孩子们在成长中得到满足感、成就感、希望感。同时安全感也可以帮助孩子们在面对成长中的困境时，起到心理缓冲作用，减少焦虑、抑郁等消极情绪的出现。

生活中，我们会看到很多身残志坚的人，很多身体有疾病甚至生活贫穷的人，但是他们仍然可以生活得快乐、幸福。很多家长可能没有意识到，养育出一个安全感不足的孩子，就可能意味着无论这个孩子将来多么富有，无论他将来拥有多少美好的东西，都可能生活得不快乐、不幸福，因为对未来的不确定感和不可控感，让他无法专注享受当下的美好。

孩子的心理健康也体现在孩子的自信心、勇于面对挑战的勇气、持之以恒的毅力、与人合作的能力、适应环境能力、韧性以及健全独立的人格等，如果缺少这些东西，不仅孩子未来难以取得成就，甚至连基本的生活也无法保证。如果没有韧性、没有持之以恒的精神，孩子在学习上遇到困难、在工作中遇到挫折就会选择逃避；如果没有适应能力、没有与人合作的精神，很难在这个分工越来越细化的社会上生活、闯出一番事业；如果没有探索求知的乐趣，即使取得再好的成绩，考上再好的大学，孩子也很难感受到快乐和幸福。

在生活中，家长若只关注孩子的成绩、成就，而忽略了孩子的心理健康。那孩子背后往往都存在着自信心不足的问题，使他们在面临就业、学习、人际交往等方面的压力时容易陷入焦虑。自信心背后隐藏的心理学因素就是自我效能感和心理韧性。自我效能感，是个体对自己是否有能力完成某一行为所进行的推测与判断。自我效能感高的孩子，在面临挑战时，往往有敢于挑战的勇气，在不断挑战自我的过程中，取得成长。在自我效能感形成的影响因素中，最重要的就是个人成败经验。孩子们的成长过程中，不可能只有成功，必然也会经历失败，面对失败时，个人心态和认知的调整，受着孩子们心理韧性的影响，心理韧性是指个体曾经有过一些不好的经历或者正处于不利环境时，个体的身心没有受到这些压力或挫折的影响，反而愈挫愈勇的一种现象（申西慧，2022）。

由此可见，心理健康虽然看不见、摸不着，但实际上是和身体健康一样重要的东西。所以，我们家长在孩子吃得好、穿得暖的基础上，需要把精力更多地倾向孩子精神世界的建设，培养出一个人格健全、精神世界丰富的孩子。

总的来说，家长在儿童身心健康教育上存在的问题主要有两方面，一方面是对身心健康教育的重视程度不够，家长更关注孩子的学习成绩和技能发展，没有意识到身心健康对孩子整体发展的重要性，或者认为这些问题会随着孩子的成长而自然解决。另一方面家长的教育方式不够科学，许多家长采用过于严厉或宽松的教育方式，对孩子的期望过高或过低，缺乏有效沟通和引导，导致孩子出现心理压力，出现焦虑、抑郁等问题。

三、身心健康教育的策略和方法

以下主要从家庭教育角度提供一些促进儿童身心健康的方法。

（一）建立良好的家庭氛围

家庭氛围对儿童的身心健康有着重要的影响。家长应该创造一个温馨、和谐、支持和关爱的家庭环境，让孩子感受到家庭的温暖和安全。例如，家长可以定期与孩子进行沟通，了解他们的需求和想法，并给予积极的反馈和支持，助力孩子的身心健康成长。

（二）培养健康的生活习惯

家长应该帮助孩子养成健康的生活习惯，如良好的饮食习惯、充足的睡眠和适当的运动。家长可以与孩子一起制订健康的饮食计划，鼓励他们多吃蔬菜、水果和谷物等健康食品；同时，家长也可以鼓励孩子参加体育活动，如跑步、游泳、打球等，以增强他们的体质和免疫力，增强孩子的身体素质，促进孩子的身心健康发展。

家长可以与孩子一起制定共同的健康生活目标，如每天吃五种蔬菜、每天运动30分钟等。制定共同的目标可以让孩子感到自己是家庭的一分子，增强他们的责任感和归属感。

家长应该给予孩子积极的反馈和鼓励，让他们感到自己的努力和付出得到了认可和肯定。家长可以通过表扬、奖励等方式，鼓励孩子继续保持健康的生活习惯。

家长是孩子最亲近的人，家长的行为和习惯对孩子有着重要的影响。因此，家长应该以身作则，养成健康的生活习惯，如健康饮食、适量运动、规律作息等。

家长可以与孩子一起制定家庭规则，如每天定时睡觉、不看电视、不吃垃圾食品等。建立良好的家庭规则可以让孩子养成良好的生活习惯，同时也可以增强家庭的凝聚力和向心力。

（三）提供心理支持和指导

家长应该关注孩子的心理健康，提供必要的心理支持和指导。家长可以帮助孩子学会应对压力和情绪管理的技巧，如深呼吸、冥想、放松练习等，鼓励他们表达自己的情感和想法，帮助他们形成良好的情绪管理能力。

（四）培养良好的社交能力

家长应该帮助孩子拥有良好的社交能力，如与他人合作、分享、尊重他人等。家长可以通过与孩子一起参加社交活动、鼓励他们与他人交往、教导他们如何处理人际关系，培养孩子的社交能力，从而促进孩子的身心健康发展。

（五）树立正确的价值观和行为准则

家长应该帮助孩子树立正确的价值观和行为准则，如诚实、正直、勇敢、宽容等。家长可以通过自己的言传身教、给孩子讲述故事和寓言、与孩子一起探讨道德问题等方式，帮助孩子树立正确的价值观和行为准则，以助力孩子的身心健康成长。

（六）给予足够的关注和爱

家长应该给予孩子足够的关注和爱，让孩子感受到家庭的温暖和安全。家长可以通过陪伴孩子、给予他们关注和支持、鼓励他们尝试新事物等方式，让孩子感受到家庭的温暖和爱，保证孩子的身心健康发展。

（七）寻求专业帮助

如果孩子出现了心理问题或行为问题，家长应该及时向专业人士寻求帮助，如心理咨询师、医生等。家长可以与专业人士一起制订治疗计划，帮助孩子克服问题，恢复健康。

总之，家长是孩子最亲近的人，对孩子的身心健康有着重要的影响。家长应该关注孩子的身心健康，提供必要的支持和指导，帮助孩子养成健康的生活习惯和良好的心理素质，为孩子的成长和发展打下坚实的基础。

家庭教育故事：给孩子心灵插上乐于分享的翅膀

在"二孩"养育的过程中，孩子的霸道行为、不愿意分享等问题既普遍又让家长们头疼，如何让孩子们学会分享，对于全面提高幼儿的综合素质具有重要意义，老师和家长不但要重视培养幼儿学会物质分享，更要进一步引导他们尝试与别人分享快乐，使幼儿的分享意识不断得到巩固与深化。

我是一名幼儿教师，也是两个孩子的年轻妈妈。在我的工作中，我遇到过很多有霸道行为的孩子，他们见到自己想玩的玩具就占为己有，不肯与别人分享。家庭生活里也避免不了这样的霸道、不愿意分享，我的大儿子，就是最典型的一个。

在我的大儿子唐毅近3周岁时，小儿子唐睿才1周岁半。那时，大儿子的霸道行为开始崭露头角，作为哥哥的他，理所当然地认为所有的东西都是他的，根本不愿意跟弟弟分享。在孩子的成长敏感期里，也许很多家长在面对这类问题时，会觉得无所谓甚至视而不见，但我和孩子的爸爸并没有任其由着性子肆意发展，而是采取措施，因势利导，不但遏制了孩子霸道小气的行为，而且经过我们的鼓励和引导，大儿子已经养成了乐于与弟弟及小伙伴们分享的好行为、好习惯，为弟弟作出了好榜样。

案例一：这是奶奶给我买的。

一天，唐毅正在客厅骑电动玩具车，唐睿则蹒跚着走到墙角边的皮球那里，试着抱起皮球玩耍，唐毅见状，飞速从电动车上跳下来，跑到唐睿身边，一把抢过皮球，唐睿险些摔倒，哇哇大哭。我见状厉声呵斥唐毅："唐毅，不许欺负弟弟，你不是在骑车吗？皮球给弟弟玩会儿。"唐毅委屈得眼里噙着泪花，却毫不退让示弱，还昂着头理直气壮地跟我说："这是奶奶给我买的！"

由于"长子长孙"的传统思想，婆婆对大孙子尤为偏爱，准确地说，是极为溺爱。孩子做错事情还没反应过来的时候，婆婆会第一时间跳出来进行袒护，好吃好玩的总是先想到大孙子，大孙子要什么她就买什么，想干吗就干吗……久而久之，唐毅就理所当然地独霸着奶奶送给他的一切。

就在那时，我意识到，如果长此下去，大儿子会什么都不愿与弟弟分享，霸道的性格会越发明显，日后也很难形成良好的人际关系。我当即转变态度，蹲下来拉着大儿子的手，耐心地跟他说："虽然皮球是奶奶给你买的，但是如果你跟弟弟一起玩的话，比你自己玩更有意思呢，而且弟弟也会更喜欢你这个乐于分享的大哥哥呀，你说对吗？"唐毅似懂非懂地点点头，然后慢慢地伸出手来把皮球递给弟弟，还友好地说："喏，别哭了，哥哥跟你一起玩！"弟弟虽然眼泪还未干，却又乐呵呵地接过哥哥给的皮球玩了起来。我也不忘及时给大儿子鼓励："真是个好哥哥！以后你们两个都要跟对方分享，做最好的朋友，好吗？"两个孩子开心地点了点头。

事后，我又把家里所有大人叫到一起，坐下来谈及此事，提出：我们应注意自己的言行，保持教育的一致性，对两个孩子要一视同仁，坚持公平公正的原则，在哥俩之间出现矛盾时，不以年龄的差别而显示出不同的关心程度，不偏袒任何一方，教育两个孩子都要养成互相谦让、共同分享的好习惯。

为了孩子们的健康成长，大家也都一致赞同我的想法，就连一向娇惯大孙子的婆婆也表示会改变自己错误的教育方式。

案例二："我再也不跟你玩了。"

唐毅2周岁时，我就送他去上了全托的小小班，我经常听到儿子回家提到的就是"林林"这个名字，大概是他很要好的朋友。

一天接他回家时，儿子跟我说："妈妈，我再也不跟林林玩了。"问其原因，他说老师不喜欢他了。为了搞清楚事情的来龙去脉，随后我打电话咨询老师是什么情况，经过跟老师的沟通得知，原来那天在进行区域活动时，林林正在玩"切水果"游戏，唐毅也想玩，但他没有经过林林的同意就伸手去抢林林手里的"水果刀"，尽管林林紧握着不给，儿子还是一把抢了过来，藏在身后不肯拿出来，林林嘟着小嘴跑去跟老师告状。经过老师的调解，老师让儿子把玩具还给林林，并教育儿子要经过别人同意才能去拿想要的东西，唐毅很不情愿地把玩具还给林林，嘴里还嘟囔着："我再也不跟你玩了。"

了解了事情的真相，我和老师协商并约定：在遇到唐毅有抢占玩具的自私霸道行为时，一定耐心跟他讲道理，让他知道什么是对的，什么是错的，错误的行为会给自己及他人造成哪些伤害等；老师和家长要保持教育一致性，通过儿歌、故事、游戏等方式渗透分享意识的教育；及时捕捉孩子在日常生活中与同伴友好交往、游戏的瞬间，并公开鼓励、表扬。经过一段时间的家园合作，儿子逐渐改掉了自私霸道、抢东西的坏习惯，变成了班里的"孩子王"，小朋友们都愿意跟他一起玩。

要培养孩子乐于分享的意识不是一朝一夕的事情，需要家庭、教育机构和社会等方面共同坚持不懈地努力和多种方式方法结合在一起，互相影响、共同发挥作用。

让我们学会用耳朵倾听，用眼睛观察，用心去真切地感受孩子们成长过程中的一点一滴，帮助孩子及时修剪每个敏感期和叛逆期出现的小分枝，共同给孩子的心灵插上乐于分享的翅膀，努力引导孩子成为一名有爱心、愿分享、懂谦让、会合作的优秀人才吧！

作者：靳毅鸿

点评：作者以二孩家庭中普遍存在的儿童霸道行为问题为切入点，展示了如何引导大儿子学会分享的循循善诱的家庭教育故事。作者通过对家庭环境的干预以及与奶奶的沟通协作，成功地帮助老大由最初的霸道占有转变为愿意与弟弟和其他小伙伴分享玩具、快乐，既维护了一个二孩家庭孩子们的和谐成长环境，又引导了孩子学会分享，慷慨大方。作者还强调了家长和教师的一致性原则，提倡家园共育，认为家长和教师应该共同承担起教育责任，保持言行一致，营造公平和谐的成长氛围，让孩子们感受到分享的价值和乐趣。用心观察、倾听孩子的成长过程，针对每个敏感期进行适时的心理调适与品格引导，使孩子在点滴生活中形成乐于分享的良好品质。她的做法不仅彰显了尊重个体差异、因材施教的现代教育理念，而且突出了情感教育和价值观培养在学前教育中的核心地位。（点评人：烟台市福山区河滨路小学　王涛）

家庭教育故事：今天，我第一次跟孩子说你不好看

跟往常一样，孩子回家第一件事是弹钢琴，也跟往常一样，我不陪着她弹，她就会糊弄一通。

今天我说我来看看你弹得怎么样吧，果不其然，她开始有情绪，只要是指出来她弹得不对的地方，她就变得很烦躁，每一个动作都是在赌气，感觉此时此刻不是在弹琴，而是在跟我发出无声的抗议。

当我说今天就练到这里吧，她才停止了这种抵触和暴躁。紧接着就去找出来自己喜欢的发卡戴在头上，照着镜子问我说，漂亮吗？

我看着她稚嫩的脸庞和期待的目光，差点脱口而出，你是最好看的这句话。是的，我没有说，而是有些残忍地说你今天真的不好看。她很诧

异，立马表情变得委屈甚至是气愤，但更多的我想是很多的问号，这不是平时的妈妈对她说的话。

我觉得我今天有必要跟她好好聊一聊了。我说你还记得前几天你参加演讲比赛时我怎么说你的吗？她一下子来了精神，告诉我妈妈说我全身都闪着光，漂亮极了。

我说对，但是那并不是说你外表好看，是因为你那天对于陌生地方的从容大方，对突发情况很好地处理，并且最后很流利很顺畅很自然地完成了演讲，这些让你看起来才是闪光的。今天你对妈妈抱怨，发脾气，甚至有一些叽叽歪歪的，让人只会看到一个骄纵的，没有礼貌的样子，无论你穿多么漂亮的衣服，戴多么好看的发卡，在别人看起来，都不会说你是好看的，漂亮的，甚至是有些丑，大家只会想远离你。

今天我必须跟你讲一下什么是真正的美，可能会颠覆你以前的想法，但是只有你会区分美丑了才能知道自己应该成为什么样的人，才能知道每天的心思应该用在哪里。

我拿出了最近甘肃地震的一些视频给她看，我说在我们国家的某个地方发生了很严重的地震，有的人房子塌了，有的人失去了亲人，所以他们现在很需要帮助。

但是在这个全国人民都替他们担心的时候，有网红在网上公开地说，关我什么事，你看，说这个话的女孩子长得是好看，但是看着她调侃着别人的痛苦，有没有觉得她有些面目可憎，她好看吗？

她有些嫌弃地摇了摇头。

但是你看也有很多叔叔阿姨不怕辛苦不怕寒冷地主动去帮忙，给大家去做饭，去送物资，还有解放军和消防员叔叔不停歇地在救人，在提供尽可能多的帮助，你看他们的照片，他们顾不上打扮自己，甚至顾不上去掉自己身上的泥巴，你觉得他们不好看吗？

她若有所思地摇了摇头，我接着给她看了一张灾区小朋友的照片，满脸红扑扑的小脸蛋正因为吃上了一碗热乎乎的面而展露出了笑容，我说这个小姑娘此时身上的衣服也满是灰尘，但是她在面对灾难的时候，对于一碗面的满足和对未来充满希望的坚定难道不是很美的吗？

我说在地震的地方这些平凡人的美和解放军和消防员的美难道不比镜

子里的你美吗?

如果有一天你需要在舞台上去讲述他们的故事,你觉得现在浮躁的样子配去讲英雄的故事吗?

说到这里我看到她眼里好像有了些亮晶晶的东西,脸上有了些羞愧的表情。

我继续说,曾经你的爸爸在部队也待了将近20年,爸爸曾经也像他们一样抢险救灾,也曾经在极寒的地方一待待几个月,手冻得全是裂口,脸也显得有些苍老,可是那时爸爸每次回家,你照样高兴得手舞足蹈,因为在你心里爸爸是无所不能的,是让你觉得踏实的,你从来不会说爸爸那时不美,这些高大的形象其实就是美的化身。

你也曾经说妈妈脸上的皱纹又多了,我说我不好看了吗? 你立马说我觉得妈妈比以前更好看了,我相信你当时说妈妈好看是发自内心的,因为妈妈这个词包含了慈爱、踏实、依靠等美好的含义,所以她是美丽的。

说了这么多,你应该知道漂亮并不应该只是外表的表达,它更多的是内在所散发出来的气质。我真的希望你能拥有这样的气质。

说到这里,我觉得她是被触动的,她说我怎么才可以有这样的气质,我说多读书,现在你可能有些东西还不能真的理解,但是读的书多了,自然你就有答案了。

讲完这些,她默默地放下了发卡,拿起了一本课外书去读。

我想她可能还不能完全理解我跟她说的,但是她一定是听进去了,看着她读书的样子,阳光洒在她身上,真的好像梦想在发光一样。

这或许就是家长教育的意义,爱美并没有错,但是我们不需要肤浅的美,而是要让我们美得自信,美得有底气,他们的价值观也是在这样一次一次耳濡目染中才建立起来的。

加油吧,孩子!

作者:杨春娜

点评:本文作者首先抓住女儿因钢琴练习受挫而情绪波动的时机,跳出常规,指出孩子在那一刻的行为并不"好看",从而引发了关于美的深入讨论。对比说明外在打扮虽重要,但真正的美丽源自内心的修养、面对困难的态度以及对他人的尊重关爱。又借助近期甘肃地震中人们的表现，将现实英雄人物的无私奉献精神与某些网红漠视他人痛苦的形象形成强烈反差，让孩子认识到真正的美在于内在品格和社会责任感，而非仅仅依赖于外表的装饰。这一环节彰显出家庭教育中价值观念培养的重要性。此外，通过提及父亲的军人身份及其经历，进一步拓宽了孩子对美的认知边界，使之理解到坚韧不拔和无私奉献同样构成了美的核心要素。这种母亲对女儿的教育，不同于生硬刻板的争吵与说教，她选择了合适的时机、恰当的例子，循循善诱让孩子发自内心地认同。这是值得我们所有人学习的。（点评人：烟台市福山区河滨路小学　王涛）

第二讲　注重道德品质教育

家长朋友们，正如上一讲那样，对孩子道德品质的教育我们也是经常挂在嘴上，说起来重要，但事实上并没有引起我们应有的重视。所以，本讲我们将主要探讨孩子道德品质教育的话题。

一、道德品质教育的内涵

什么是道德品质教育呢？道德品质教育，就是教育者有目的、有计划、有组织地对受教育者施加一定影响，促进他们的道德认识、情感、意志和行为习惯的形成与发展的活动，是德育内容之一。在学校中，日常的工作主要是对学生的守则教育、学校常规纪律的训练、遵守社会公德和文明行为习惯的培养。关于"道""德"品质展开有太多太多的内容，咱们今天就从家庭教育的角度，根据这个时代孩子们的需要整理出六个方面，我们叫"六德"，即：孝道、诚敬、利他、感恩、勤俭、爱国立志。

我们知道，盖高楼要打地基、打基础，盖越高的楼就要打越深的地基。道德品质就是一个人将来成人、成才、成功的基础，从孩子的一生来看，注重道德品质教育就是打地基，打基础。反过来说，如果一个人长大了，自私自利，不爱国家，不爱自己，不孝顺父母，不遵守法律法规，消极、撒谎、浪费、好吃懒做……大家想想，这样的人哪会有未来呢？所以一定要注重孩子的道德品质教育。今天，我们就以"利他"这种品质为例做一些具体介绍。

孩子在成长过程中，要做一个有德行的人。孩子有德的行为，比如礼貌、孝顺、诚敬、保护、爱心、感恩、勤俭、互助、善良、宽容、正己、谦让、忍耐、报恩、努力、自省、担当、内敛等。无德的行为，比如自私自利、不孝顺父母、不敬师长、没有爱心、没有羞耻心、恶语伤人、不择手段、大声喧哗、不慈爱等。有德与无德的差别在哪里？我们仔细观察会发现，其差别在于：一类是自私的，一类是利他的。所有利他的行为展开，就是各种有德的行为。所有自私的行为展开，就是各种无德的行为。所以一个人有德无德，根本差别就在于是自私还是利他，这是德行的根本分界线。就是说，如果我们从小让孩子选择走利他的路，他长大了就会是一个有德的人。如果我们从小让孩子选择走自私的路，他长大了很可能会是一个无德的人。不同的指向导致不同的结果。我们希望自己的孩子将来有德，从哪里开始培养？从利他开始（李柏映，2017）。

如果一个孩子有了利他的习惯，他是一个愿意帮助别人的人。他到了社会以后，首先，别人愿意和他往来，会给别人留下很好的印象，他的机遇就会多。机遇多了，在每一个机遇中去锻炼自己，在帮助别人当中成长自己。成长带来了能力提升，没有机遇就没有成长，能力是慢慢锻炼出来的；有能力为别人服务，就会产生自我价值，就是一个对社会有用的人。我们看到，在利他的路上走下去，这就是我们希望看到的孩子的未来。

与利他一样，每一种道德品质都很重要，需要家长朋友为孩子从小培养好。

二、道德品质教育的基本途径

对孩子进行道德品质教育，家长可以从两个方面来做，一是为孩子做好榜样，二是做好与学校教育的配合。这样的话，孩子将来想不成才都难。

对于谦虚、正直、勇敢、勤劳、俭朴等优良的品质，家长要在生活中努力做好榜样，让孩子在良好的家庭环境当中成长。孩子在家长榜样的影响下，会潜移默化地形成良好的道德品质，为孩子一生的发展奠定基础。

其次，家长要做好与学校教育的配合，主要是配合学校抓好对学生守则和学校常规纪律的教育。下面，我们就从配合学校抓好学生守则教育具体讲一讲怎么做的问题。

学生守则第一条提出，热爱祖国，热爱人民，热爱中国共产党。一个学生如果爱国家，整个国家在他心里；如果这个学生爱家乡，家乡人民在他心里；如果这个学生爱父母，父母在他心里；如果这个学生爱学校爱班级，整个学校、整个班级的同学都在他心里，这样的孩子将来想不成才都难，怎么培养呢？就从家里开始训练，就从自己的事情自己做开始，从担当自己的事开始，所有孩子能做的事情，父母都要放手让孩子自己做，孩子为家里做的事情越多就越爱家庭，为班级做的事情越多就越爱班级，付出越多，感情越深。所以，家长要做的就是大胆放手。

学生守则第二条提出，遵守法律法规，增强法律意识，遵守校规校纪，遵守社会公德。作为家长，我们只要做好榜样就是对孩子最好的教育，比如开车的时候不闯红灯、不喝酒、不加塞、不抢道，礼让行人等；再比如，不是自己的东西不能拿，等等。

学生守则第三条提出，积极参加社会实践活动。作为家长，要支持孩子去参加社会实践活动。有的家长会对孩子说，把书读好就行，不用去，没有用。有没有用呢？太有用了。因为社会实践活动，这种直接体验、感受会成为孩子的直接经验存到孩子的生命中。在社会实践的过程中，孩子的观察力、感受力、创造力、想象力能得到很好激活，并且在这种社会实践的过程中，同学和同学之间的团队讨论、思想碰撞、想办法解决问题，都是主动学习的有效途径。只有家长认识到了，才能积极做好配合，做好榜样，积极支持孩子参加社会实践活动。

学生守则第四条提出，珍爱生命，注意安全，锻炼身体，讲究卫生。那么作为家长我们是否做好了榜样，在这里咱们也检视一下，是不是每天有锻炼身体的好习惯，坚持多久了，有没有规律，我们是不是有讲究卫生的习惯？进家门第一件事是洗手，餐前便后洗手。比如安全教育平台，是和孩子一起认真完成，给孩子树立认真的榜样，还是草草了事，给孩子树立做事应付的榜样。家长给孩子树立的榜样，不论是正面的榜样，还是负面的，孩子都容易跟着模仿，慢慢地长大了就会表现出来，所以家长在孩子面前一定要谨言慎行，不能太随意。

学生守则第六条提出，勤俭朴素，自己能做的事自己做。作为家长，我们是不是有过多的包办代替，剥夺了孩子自己做事、练习做事的机会呢？还有勤劳、节约、朴素，比如，就餐是不是在践行光盘行动的倡议，做到不浪费。如果家长能做好榜样，孩子还需要专门接受节约教育吗？孩子耳濡目染家长身上的勤俭节约精神，厉行节约就是自然而然的事情了。所以说，榜样的力量是无穷的。

学生守则第七条提出，孝敬父母，尊敬师长，礼貌待人。要想学生孝敬父母，我们首先要孝敬我们自己的父母。尊敬师长，我们见到老师要尊敬老师。我们要想让孩子有礼貌，首先我们要用文明用语。

学生守则第八条提出，热爱集体，团结同学，互相帮助，关心他人。一个人的发展离不开集体，孩子的成长同样离不开集体。一个优秀的集体必然是一个和谐的集体，一个和谐的集体必然由优秀的个体构成。

学生守则第九条提出，诚实守信，言行一致，知错就改，有责任心。作为父母，在生活中诚实守信，言行一致，说到必须做到，要么就别说，作为家长少做承诺，一旦承诺一定做到。

学生守则第十条提出，热爱大自然，爱护生活环境。作为父母，我们就得从生活中的一点一滴做起，不乱丢垃圾，不乱丢烟头，不从车窗向外丢垃圾。

家庭教育故事：孝敬长辈惜亲情，心怀感恩永怀念

这件小事虽然发生在三四年前，发生在我姥还没糊涂，也还在世的时候，却是扎在我灵魂里的刺。

这些年一直在外读书、工作，只有寒暑假才能回家看看姥姥。这年夏天，我们又回家了。

我姥喜欢孩子，有东西自己不吃，一定要留给孩子，这都使得我们又爱又气，毕竟大家买的东西还是希望老人吃了补补身体。但是我姥做了一辈子好人，我们改变不了她。

我的小侄女湫儿是一个可爱、聪慧的女孩，但与许多孩子一样，还小的她对于孝敬长辈还欠缺一些意识。小孩子吃东西嘛，想不到老人也不能去求全责备。但是湫儿拿着吃的东西，没有想到给太太（"太太"就是湫儿的"太姥姥"）吃，还用小孩子的那股劲儿投（"砸"字过于锋利，不忍使用）向太太。

我的心一颤，立马严肃地对湫儿说："你怎么这样对待太太！太太那么疼你！"

"她老了，我不喜欢她。"湫儿说完，闷闷地别过头去。

我的心一凉，姥姥人很好，即使那时候人老了也还不糊涂，湫儿的做法会伤了老人家的心，我决定给湫儿一个严肃且特别的教育。

"湫儿，这个世界上最疼爱你的就是家人，而家里最疼你的就是爸爸妈妈、奶奶和太太。作为一个听话的好孩子，就要懂得尊敬和孝敬长辈。"

湫儿有些疑惑，面对着大块头的我，她好像有点胆怯、羞愧。

"湫儿，你知道吗？你今天对太太丢东西，是所有人都不敢做的，换一个人太太早不疼她了。就是太太疼她我也得揍她。但是，太太喜欢你、心疼你，可你，你这么做会伤了她的心知道吗？"

"是我错了，我跟太太道歉。"湫儿低声拖着腔调，不过她的眼睛清澈透亮。

"现在你感觉太太老了，不好看了，你去太太屋里把她床头那本相册拿过来。"

湫儿把相册拿了过来，我指着照片对她说，"你看看，这里的太太是不是很漂亮，是不是很有活力，很有力气，比你有劲头儿。"

"哇！"湫儿很赞叹。

我心里想，看来这孩子是没看到过我姥年轻时候的照片。

"看看这张，这个是你爸爸，这个是你奶奶，这个是你姑奶奶，这个是我，你看最后边站着的那个是谁？"

"是太太！太太！"

"你爸爸和你小叔我都曾跟你一样是孩子，现在你是小孩子，我们都是大人了，奶奶、太太她们也都慢慢年龄大了、老去了。有一天，你爸爸妈妈也会老去，满脸皱纹，变得很丑，你还爱不爱他们？"

"爱。"湫儿这话说得有点颤颤巍巍，却也很坚定。

"你爸爸和我小时候吃的东西可没你现在吃得那么多、那么好。我们小时候在糖厂，那些临期的方便面在那个时候也是很难得的，太太可总爱煮给你爸爸吃，我当时都感觉你太太有点偏心呐。可是我知道那个时候你爸爸吃得还不如我……现在呢，湫儿的零食可多啦，太太有了东西也会想着你，大多数还都给了你，对吧？"

夏天的风吹过，吹进了湫儿的眼睛。

"那——？"我眼神示意了一下。

"我去跟太太道歉。"

"快！"

孩子就是脑瓜子转得快，跑得也快。

"太太，刚才是我错了，对不起。"

我姥嘿嘿笑着，说道"好孩儿——"

……

我姥今年8月初不在了，我心痛。12月初，我和妻子漫步在河畔，她说姥姥去世那天，在回家的高速路上，在我得知姥姥离世消息后，是她见过我最伤心的一次。

如今每天上下班单程我都要开车40多分钟，开车时除了一直听歌外，我还经常思念我的姥姥，有一个似乎是成了韵律的声音一直在我的脑海中环绕"姥啊，姥啊，姥啊姥……"

不知道为什么，在年末的今天想来，心里隐隐感觉我姥姥更像一个孩子，一个被哄后舒展眉间与心头的孩子。在此想起那些跟我已过世20多年的姥爷学木工的徒弟们，每一年过节都会给我姥姥送来鸡鸭鱼肉这些实在的东西，他们的孝心真的和石头一样实。孝心不已的好徒儿，真的是湫儿和我们这些后生晚辈学习的榜样。

往家里去电话时，经常听爸妈提起湫儿，说她很懂事，学习也很努力，时常主动帮衬大人干一些活儿，乡邻们都夸她孝顺懂事。是啊，湫儿成长懂事起来了。

一恍惚已过去几载星霜，但通过记忆里的这件事，我意识到教育晚辈心怀感恩和孝敬长辈是一项重之又重的任务。我们应该引导孩子从小学会孝敬和尊重长辈，懂得珍惜家庭所给予的每一份关爱。"树欲静而风不止，子欲养而亲不待"，哪怕我们已成年，可在长辈面前，又何尝不是一个孩子呢？所以让我们孝敬起来、感恩起来吧，趁现在还来得及！趁现在，为孩子树立孝敬长辈、心怀感恩的榜样！

作者：孙宗凯

点评：文章以作者与小侄的互动为线索，借助生活中的一件小事——湫儿未能主动将食物分享给太姥姥这一场景，巧妙地引出对孝道、亲情及感恩教育的深入探讨。

面对孩子对年迈亲人的无意冒犯，作者没有选择简单的责备或放任，而是采取了具有启发性和教育意义的方式引导湫儿认识到错误，并理解尊重长辈的重要性。通过对湫儿讲述父母辈的艰苦岁月和太太无私的爱，使她明白自己如今的幸福生活来之不易，从而激发起对长辈的感激之情和回馈之心。

该文特别强调了"树欲静而风不止，子欲养而亲不待"的人生感悟，提醒我们要珍惜眼前人，及时尽孝，莫待失去才懂得惋惜。本文不仅记录了一个家庭中的温馨故事，更以其生动事例传递了如何培养孩子孝敬长辈、感恩亲情的优秀教育理念，对当代家庭教育有着积极的启示作用。（点评人：烟台市福山区河滨路小学 王涛）

家庭教育故事：教而有"品"，"行"将致远

当前，我国社会正处于转型时期，在全社会范围内加强道德伦理建设已势在必行，在奠定教育基础的小学阶段，思想道德建设已被提升至重要位置。小学生道德品质养成除了学校这一教育的主阵地，离不开家庭的有效支撑。只有家庭教育和学校教育达成一致性，学生才能形成稳定健康的人格，如何在家庭中开展品行教育，我在日常教学中进行了有效的摸索与尝试。

一、双管齐下，打好品行教育的"组合拳"

小学生正处于性格养成的关键时期，在学校这一接受道德教育的主要场所，知识容易获取，品质养成却非一日之功，需要学生在日常生活中一以贯之地坚持，家庭则是这一实践操练的适合场所。

我所执教的五年级，学生处于高年级，思想行为较为成熟，仍要注意的是，有一部分学生存在明显的"成长问题"，有的甚至是"顽疾"，解决起来有些棘手。班里有一位学生，学期初总以身体不舒服为由请假，而且父母都默许他的这种行为，在他多次请假之后，我拨通了学生家长的电话，向她了解缘由，家长告诉我：孩子其实是不想上学。与其详聊后发现孩子是因为害怕考试成绩差而挨家长批评，了解到这一点，我开始做家长的思想工作，对孩子学习有要求无可厚非，但不能只见"结果"不见"开花"，对孩子在学习过程中出现的进步应积极予以肯定和鼓励，而不能一味地打击批评。家长意识到自己的问题，与孩子进行了心平气和的沟通。此后，这位同学偶尔出现成绩落后但没有再撒谎厌学，可见家长在背后的疏导。之后孩子也自信了许多，原先那个爱撒谎逃避的孩子不见了，这同时离不开家长的鼓励。

家庭教育是学生道德品质养成中不可或缺的一环，家长跟老师齐心协力，齐抓共举，相信收获的不仅是孩子的品行优秀，还有双倍的快乐与满足。

二、言传身教，当好品行教育的"领路人"

进入小学高年级，学生对于道德行为的判断已有了基本认知，但仍是模仿多于主动，因而无论是老师还是家长都要注意自己的言行举止，起到身先示范的作用。

在我的班级，有这样一位学生，经常打骂同学且多次教育之后，没有任何改进。我联系家长找出这位同学的问题所在，家长一接到电话，便开始向我列"罪状"：在家不听管教，经常顶撞父母，一回家就手机不离手。我没有想到，学生在家会这般"恶劣"。于是，我找来学生询问，家长所说的是否属实，学生点点头，我又继续问他："为什么要这样对自己的爸爸妈妈，他们全心全意地为你付出？"学生很委屈地说："他们一回家就看手机，从来不听我说。"我有些震惊，学生是在用"叛逆"的方式引起家长的关注，他太缺少陪伴了。我把学生的话转告给家长，家长愧疚地对我说："老师，的确是这样……"我向家长提出了忠告，想解决孩子的问题，得先改掉家长自身的"错误示范"——放下手机，陪伴孩子，在孩子需要的时候，给到他足够的安全感。接下来，学生家长每天拿出固定时间陪伴孩子阅读，周末陪伴孩子娱乐。孩子肉眼可见地改变了很多，在学校变得谦逊有礼，经常主动帮助班级打扫卫生，渐渐成为同学口中乐于助人的"好学生"，连我都有些惊讶他转变如此之大，当我在班级里表扬他时，他有些不好意思地说："老师，谢谢您帮我找回了'爸妈'。"

父母是孩子最亲近、最信任、最仰慕的人，父母的一言一行在无形中影响着孩子。只有眼中有孩子，才能看见孩子的需求，从而适时地予以指导和改正，在孩子品行养成的路上，父母也在前进着。

三、适度放手，做好品行教育的"守望者"

小学生的道德品质在趋向定型，逐渐形成自己的性格，有了家长和老师的指导和帮助，相信他们可以稳步前进，有时候，家长也需要松开那紧紧牵着的手。

在我的班级有这样一位"特殊"学生，相较于同龄人，他的语言能力发展有些迟缓，有时会遭到其他班级同学的"嘲笑"，学生家长经常与我沟通：老师，您帮我教育一下某班的×××；老师，您帮我提醒一下某班的……在收到她的请求之后，我了解过情况，没有到需要教师介入的程度，我也婉转地告诉她了。可她似乎没听进去，继续给我打电话，不得已，我与她进行了一次长谈：为什么不给孩子自己成长的机会呢？孩子的语言能力虽然迟缓，但是他的基本沟通能力是正常的，你应该放下心中的不安和担心，让他自己去面对。我接着告诉她：你应该教给孩子怎么去处理，让他试着自己去解决，一开始难免会有磕磕绊绊，可没有谁一生下来就会走路。家长半信半疑，答应我尝试一下，此后很长一段时间我没有再接到学生家长的电话，孩子也很少向我哭诉他受到的"委屈"，在我询问时家长出乎意料地告诉我："老师，孩子会告诉别人不能嘲笑他，也学会了反驳嘲笑他的人"家长说这些话时有些激动，我为她高兴的同时也感到欣慰。

雄鹰将雏鹰"摔"出巢外，是为了锻炼他翅膀的力量，为展翅高飞做准备。家长尤其如此，适度放手，在背后远远地望着，看着孩子自己去摸索，这何尝不是一种"成长"呢？

家庭教育在塑造孩子品行方面的作用是独一无二的，它隐藏在日常生活中，看似无形实则不可忽视。它以亲密的关怀、父母的示范和适时的指导给予孩子人格的塑造，培养孩子的良好品行，提高人生境界，也为孩子适应社会的发展筑牢了坚实根基。

作者：姜海霞

点评：本文基于实际教学情境，紧密围绕家庭教育的核心价值，展现了如何在家庭层面开展道德品质教育的有效途径，既肯定了家庭教育与学校教育的一致性、互补性，也强调了家长的角色塑造、行为示范及适当放手等多元化的教育智慧。作者通过鲜活的案例，生动诠释了优秀教育理念在实践中取得的良好效果，值得广大教育工作者和家长深思与借鉴。其中的凸显道德伦理建设的重要性、倡导家长言传身教的教育方式、适度放手的教育策略，放在多数家庭面前都是适用且重要的。而作者作为班主任，她面对班级出现的问题对症下药，和家长积极沟通，帮助孩子少走弯路、快速成长，这种对教育理念的独到见解与高效实施值得我们借鉴与学习。

（点评人：烟台市福山区河滨路小学　王涛）

第三讲　注重良好习惯培养

各位家长朋友，本讲的主题是：注重良好习惯培养，将分五个层面展开：一是什么是习惯，二是培养良好习惯的重要性，三是童年期能慢慢拉开孩子差距的好习惯有哪些，四是养成好习惯的通用法则，五是培养孩子好习惯的六大步骤。

一、什么是习惯

《现代汉语词典》解释：习惯是在长时期里逐渐养成的、一时不容易改变的行为、倾向或社会风尚。心理学的解释是，习惯是刺激与反应之间的稳固连接。通俗地说，习惯就是一种习以为常的行为，是一种稳定的自动化的行为，是经过反复练习而形成的影响语言、行为、思维等多方面的生活方式。对于习惯养成教育，大物理学家爱因斯坦说：什么是教育？当你把受过的教育都忘记了，剩下的就是教育。忘不掉的才是真正的素质，什么是忘不掉的，习惯就是其中之一。

《微习惯》这本书谈到了你如何培养一个新习惯，微习惯就是经过大幅缩减的版本，比如把"每天做100个俯卧撑"缩减成每天1个，把"每天写3000字"缩减成每天写50字，把"始终保持积极思考"缩减成每天想两件好事。微习惯体系的基础在于"微步骤"，就是那些"小得不可思议的一小步"。当然，微步骤的概念因人而异，你的一小步对我来说可能是一次巨大的跨越。"小得不可思议的一小步"这种称法把它的特点体现得淋漓尽致，因为如果和你的能力上限相比，一个步骤简单得让你匪夷所思，那它就再合适不过了。利用微习惯做事，你会收获巨大的惊喜。首先，在实现你的微目标之后，你很可能会继续完成"额外环节"，这是因为我们本来就想进行这些积极行为，所以一旦开始，内心的抵触就会减轻。第二个收获是惯性。即使你没有实现微目标，你的行为也会慢慢发展为微习惯。从这里开始，你会完成"额外环节"或逐步提升习惯，还会接连不断地收获成功（斯蒂芬·盖斯，2016）。总结起来，微习惯就是你强迫自己每天做的微不足道的积极行为。

二、培养良好习惯的重要性

下面的这句教育谚语，相信许多家长都很熟悉：播下一个行动，收获一种习惯，播下一种习惯，收获一种性格，播下一种性格，收获一种命运。简言之，就是说习惯可以决定一个人的命运。中国很多优秀传统文化中告诉我们做人做事的好习惯，明末清初有个学者叫朱柏庐，他的《朱子家训》很有名，里面有很多话流传很广，如"黎明即起，洒扫庭除，要内外整洁"；"一粥一饭，当思来处不易；半丝半缕，恒念物力维艰"。自古以来，中华民族便有重视培养孩子健康人格的传统，被誉为"智慧的化身"的诸葛亮在《诫子书》中说："夫君子之行，静以修身，俭以养德。

意思是君子的品行是以宁静来修养身心，以俭朴来陶冶品德。我相信，大多数父母都会重视孩子行为习惯的养成，因为养成好习惯将终身受益。

1959年10月，在苏联首位宇航员选拔中，加加林从20名候选人中脱颖而出。原来，起决定作用的，竟然是一个偶然事件。在进入飞船参观前，只有加加林一个人把鞋脱下来，因为他觉得这么珍贵的飞船怎么能穿着鞋进去呢？于是，他穿着袜子进入了座舱，这个细节赢得了主设计师的好感。主设计师说，只有把飞船交给一个如此爱惜它的人才放心。后来，有人开玩笑地说，成功从脱鞋开始。其实从根本上说，加加林的成功入选得益于他良好的生活习惯——对美好事物的珍视。

亲爱的家长们，这样的故事其实很多。故事告诉我们一个道理：从小培养起来的好习惯，真的会影响人的一生，坚持走下去，就意味着离成功越来越近。习惯决定孩子的命运，我们抓住了习惯培养这根主线，就抓住了家庭教育最有效的手段。因此，可以这样认为：习惯培养其实是家庭教育最基本的任务，家庭是培养习惯的学校，父母是培养习惯的老师。

三、拉开孩子差距的五个好习惯

好习惯如此重要，那哪些习惯能慢慢拉开孩子的差距呢？

第一个好习惯——守时

时间对于每个人都是公平的，随着教育改革的推进，尤其是"双减"政策的实施，养成珍惜时间的好习惯、具备管理时间的能力，对孩子的学业发展很重要。同样，在未来的职业发展中，守时的孩子和不守时的孩子差距也是很大的。

第二个好习惯——整理

哈佛商学院曾经做过一个调查，发现：课桌整理得很干净的学生，往往学习成绩也比书桌糟乱的孩子好。

第三个好习惯——阅读

我是一名读书的受益者和推广者，有每天坚持阅读的习惯。我深深体会到，阅读是让一个人受益终身的好习惯。腹有诗书气自华。近几年，不少记者对各省市的高考状元进行了采访后归纳发现，80%以上的高考状元极其爱好阅读，并且都是从小就养成了阅读习惯。因此，亲爱的家长们，建议大家：与其逼着孩子考第一，倒不如培养孩子阅读的好习惯，毕竟考第一可能是某个学期的事情，而阅读是受益终身的事情。有的家长可能会说，孩子已经大了，培养阅读习惯是不是晚了或者没有必要了。这里我想说：已经有无数事实证明，阅读，任何时候开始都不晚，当然越早越好。

第四个好习惯——运动

近代科学研究发现：保持脑力和体力协调的适宜活动，是预防、消除疲劳和健康长寿的要素。小朋友们是早上八九点钟的太阳，面对繁重的学习任务，将来踏上社会面对激烈的竞争，没有强壮的体魄不行。亲爱的家长们，为了孩子一生的健康、优秀，从现在开始，让我们陪孩子一起运动起来，并长久地坚持下去吧！

第五个好习惯——做家务

其实动手就是动脑，孩子成长不可替代，谁替孩子谁就是害孩子，让孩子学会自己的事情自己做，让孩子参与到家庭的家务劳动中。千万不要小看做家务的意义，家务的本质是劳动，其实很多父母心里特别清楚，孩子的自理能力弱，多半就是因为平时在家不做家务。不做家务看似好像是为孩子攒下了学习的时间，但很多父母意识不到，这样做的损失可能更大。哈佛大学的一些社会学家、行为学家和儿童教育专家曾花了将近20年时间做了跟踪调查，发现爱做家务的孩子与不爱做家务的孩子相比，长大后失业率为1：15，犯罪率为1：10（李柏映，2017）。因此，做家务不是可有可无的，它和一个孩子的成长有着密切的关系。让孩子从小做些家务，可以培养孩子吃苦耐劳、珍惜劳动成果、珍重家庭亲情、尊重他人等品质，因此，父母有责任让孩子意识到劳动的重要性。劳动，既满足了儿童成长的需要，又培养了孩子主人翁的意识，并帮助孩子掌握了独立生活的技巧，所以劳动是一举多得的良好教育。

四、培养习惯的通用法则

培养孩子的好习惯其实需要以父母有好习惯为前提。为什么呢？如果孩子在学校培养好习惯，放学回家："爸爸，妈妈，你好！我回来了！"可是有的父母就不习惯："你叫唤什么呀，回来就回来吧，啰唆什么啊？"那孩子就不知道该怎么办了。其实父母积极回应，让孩子获得美好的体验，他才能够坚持下去，养成习惯。家庭中拥有合理的行为规范，最终是为了让孩子养成良好习惯，让他一辈子都受益。

培养好习惯，要根据每个家庭的具体情况来定，接下来我给大家分享一些普适性的原则，这些原则对每个家庭都适用。

第一，父母不要用命令的口吻来让孩子做这个做那个。如果总是用居高临下的姿态和孩子沟通，时间长了，孩子会有逆反心理。所以，为了他能心甘情愿地遵守规则，最好别命令他做事。苏联教育家马卡连柯说过："不要以为只有在你们同儿童谈话、教训他、命令他的时候，才是在进行教育。你们生活的每时每刻，甚至你们不在家的时候也在教育儿童。你们怎样穿戴，怎样和别人说话，怎样议论别人，怎样欢乐和发愁，怎样对待敌人和朋友，怎样笑，怎样读报……这一切都对儿童有着重要的意义。"（马卡连柯，1957）对孩子来说，言传身教比生硬的命令更有力量。

第二，只要孩子做到了，就一定要表扬，选择描述性表扬，而且要表扬到实处。怎么算表扬到实处呢？如果你的孩子把房间整理得很干净，你可以试着用下面这种方法来表扬他。首先你可以很惊讶地对他说："你房间原来那么乱，只用半个小时就收拾好了？"孩子肯定会说："这有什么难的。"然后你再接着问一些细节："之前那些堆得乱七八糟的玩具你都放哪儿了，是不是藏床底下？"孩子这时候多半会说："怎么会，我都放在该放的位置了！"好，这个时候，你都不用检查了，可以真情实感地夸他一句："你真棒，辛苦啦！爸爸妈妈特别喜欢你现在的房间，谢谢你让我们这么自豪！"

我们来对比一下，刚才这段对话，如果只浓缩成一句"你真棒"，孩子会明白他到底哪儿做得棒吗？是"房间干净整洁"这个结果？还是"花了很多时间，让所有东西都回归原位"这个过程呢？表扬孩子一定要落到实处，不然只是空泛地夸奖一句，他就可能混淆了过程和结果，甚至可能会为了实现结果，而动一些"歪脑筋"。

其实，表扬主要有两种方式：一种是评价式表扬，它是结果取向的，直接指向孩子的品质或性格，对此做出积极评价，如"孩子，你真棒！""孩子，你做得太出色了！"生活中有好多这样宽泛的形容词。另外一种是描述式表扬，它是过程取向的，主要指向孩子的努力，以及父母对孩子行为的感受，让孩子自己得出结论，如"地板真干净，都照出人影了；被子叠得很整齐，像豆腐块。走进你的房间，让人感到很清爽、很舒服！"

评价式表扬因为直接指向孩子的人品或性格，它往往太直接了，像直射的阳光一样刺得人不舒服，它还使孩子过分重视结果，过于在意其他人的表扬从而刻意表现来获得他人的赞赏，这往往会把孩子吹捧坏的。描述式表扬如和风细雨，能使孩子根据他人的描述自己得出一个积极的结论，这有助于孩子形成积极的自我概念。而且，描述式表扬指向的是过程及孩子的努力，为了获得他人的表扬，孩子会更加务实。它不会让孩子自命不凡，过于骄傲自满。

五、培养习惯的六大步骤

那么，家长应该怎样培养孩子的好习惯呢？

第一步，提高思想认识。引导孩子对养成某个习惯产生兴趣认同和信心。

第二步，明确行为规范。让孩子对养成某个良好习惯的具体标准清清楚楚，正所谓儿童的成长离不开细节的指导。

第三步，适时树立榜样。让孩子对养成某个良好习惯产生亲切而向往的感情。有心的父母，可以多加引导，把孩子崇拜的偶像作为榜样。

第四步，坚持不懈地训练。让孩子由被动到主动再到自动养成某个良好习惯，培养习惯需要过程，不能一蹴而就，最开始的一个月是关键期。

第五步，及时评价奖惩。让孩子在成功的体验中养成良好的习惯，适当地给予奖励，会让孩子更期待明天的进步。准确地说，让孩子养成好习惯和纠正坏习惯应该分步执行，循序渐进。用一句话概括就是，培养好习惯用加法，矫正坏习惯用减法。你想让孩子养成什么样的好习惯，就千方百计让他好的行为不断出现，出现的次数越多，好习惯养成得越牢固。而改掉坏习惯也不能一刀两断，需要递减法和奖惩法。给孩子一个可以接受的过程，让他们慢慢地把坏习惯改掉。

第六步，创设良好氛围。让家庭生活和学校环境乃至社会风气，成为孩子养成良好习惯的支持力量。

教育的核心不仅仅是传授知识，而是培养健康人格，培养少年儿童健康人格最有效的途径就是从培养习惯做起。愿我们携手助力孩子成长，培养良好习惯。

家庭教育故事：做智慧父母，育阳光孩子

如果说人生是一场修行，那为人父母与自己孩子的相处就是这场修行的重要旅程，想要让自己的这场旅程愉快、喜获丰收，做父母的就要不断地修炼、不断地成长，要有做智慧父母的情怀，懂得做智慧父母的方法，才能事半功倍、修成正果。

在教育孩子成长的道路上，每位家长都在不断摸索最适合自己孩子的好方法，我也是一路跌跌撞撞，不断调整，下面是我的一些心得体会，与大家分享。

一、巧借阅读　培养习惯

第一次做父母，一开始面对很多问题，非常迷茫，比如孩子小的时候，不愿意读书，不爱刷牙，乱发脾气，抵触洗头发……这些都让我备感焦虑无奈。作为语文老师，生怕她不爱阅读，为此没少发火，四处请教其他家长的做法，后来放平心态，决定不再强迫孩子，从自身做起，给孩子树立榜样。我和孩子爸爸商量好，回家吃完饭都放下手机，捧起书本阅读，开始，孩子还是沉浸在玩耍中，偶尔会好奇我们在读什么，这么投入，我有时会和她分享故事内容，有时故意卖关子……慢慢地，言传身教下，他自己跑去卧室拿着幼儿绘本，央求我们来读，一本、两本……孩子越读越感兴趣，现在每晚睡觉前都雷打不动三本书，妈妈读一本，爸爸读一本，她给我们讲一本。更让我欣喜的是无心插柳柳成荫，随着大量的绘本阅读，日常习惯的养成也变得游刃有余，记忆最深刻的就是刷牙这个事情，有一个绘本故事名字叫《小熊威尔爱刷牙》，小熊威尔每天早晚坚持刷牙漱口，每天去学校老师都夸他的牙齿又白又漂亮，但有一个牙齿没有保护好，去看牙医不哭也不闹。听了这个故事孩子对刷牙非常积极，每次睡觉前都自觉认真刷牙，刷完还让我看看她的牙齿白不白。后来领孩子去口腔医院补了两颗牙，孩子全程没哭，只在中间强忍泪水哼哼了几声，医

生由衷赞叹，很少有4岁孩子这么配合听话的，我想那是因为绘本中威尔给她的影响。其实有的时候，做家长的无须苦口婆心地说教，桃李不言下自成蹊，书中自有硬道理，我始终相信读书是最好的家风，书籍是最好的不动产。

二、学会放手　锻炼自立

孩子终有一天会长大，会有自己的人生，他要独自面对社会，面对人生的挑战，父母不可能一辈子跟着他，替他包办所有的事儿。智慧父母要有意识地减少对孩子不必要的束缚，多给孩子自主的机会，相信他能做好力所能及的事儿。怀二胎后，我更学会示弱，让孩子帮忙做些力所能及的家务活，并适时给予鼓励，比如晾晒衣服，虽然大人5分钟能搞定，到了孩子那可能需要将近20分钟，但是每次我都各种"彩虹屁"，夸出孩子内驱力，有一次孩子够不着，一直摇衣架结果摇坏了，我刚想批评话到嘴边咽了下来，衣架可以修好，但是孩子的积极性可能会深受打击。就这样，孩子在一次次体验中、一句句真诚的夸赞中充分感受到发自内心的喜悦，越做越带劲，现在经常问爸爸妈妈："有什么需要我帮忙的？"有句话说得好，鸡蛋从外打破是压力；从内打破就是成长。减少对孩子不必要的束缚，多给孩子自主的机会，相信孩子能做力所能及的事儿，让他拥有体验后的满足感，这样才能自立自强。

三、有效陪伴　共同成长

很喜欢一句话，在为人父母这条路上，孩子几岁，我们家长就几岁。家庭教育最关键、最重要的方法与路径就是父母要学会与孩子一起成长。父母好好学习，孩子天天向上。没有父母的成长，也不会有孩子的成长。在这点上，虽然我身为老师，但是和做医生的孩子爸爸相比，确实有点自惭形秽，可能因为见识太多生命的流逝与不易，所以孩子爸爸很在乎亲情，非常珍惜陪伴孩子的时光，和孩子一起搭积木、教孩子溜冰、带孩子去动物园……和孩子待在一起很少不耐烦或三心二意，反观自己却是有时候把工作情绪带到家里，因为爸爸的高效陪伴，所以孩子在探索方面、在动手实践方面比同龄孩子尤其是女孩子要更大胆一些。好在因为工作原因，我可以接触到更多与家庭教育有关的讲座学习，并积极阅读相关书籍——《为何家会伤人》《好妈妈胜过好老师》《正面管教》等，这些都让我不断学习，不断成长。

家庭教育，是一门科学，也是一门艺术，对我们各位父母提出超高的标准，我们一定要努力做一个有智慧的、不断学习的家长，与大家共勉。

作者：蔡妍丽

点评：本文是作者的育儿经验分享。首先，她强调了阅读习惯培养的重要性，并通过自身的育儿经历，展现了如何巧借阅读这一载体，激发孩子的兴趣，让孩子在潜移默化中接受良好生活习惯的熏陶，形成积极主动的行为模式。在谈及孩子独立性培养时，蔡老师引用文学家朱自清先生的话语，指出要放手让孩子在正路上闯荡，培养其自主解决问题的能力。她通过怀二胎期间的经验分享，倡导家长适度示弱，给孩子提供承担家务的机会，鼓励并肯定他们的每一次尝试和进步，从而锻炼其自立精神。这种从内打破的成长方式，无疑是对传统包办式教育的一次有力反思和创新突破。

最后，强调父母应与孩子共同成长，注重自身的学习与提升，以此影响和带动孩子的进步。她提到身为教师的父亲，因为深刻理解生命的价值和陪伴的意义，所以在与孩子相处的过程中做到了全情投入、高效陪伴，从而对孩子的成长产生了积极深远的影响。总而言之，作者的分享切合实际并富有启发性，对广大家长具有极高的参考价值和借鉴意义。（点评人：烟台市福山区河滨路小学　王涛）

家庭教育故事：成熟宝贝与幼稚妈妈

借此机会感谢孩子让我回归本真，同时谨以此文安抚万千抽动症孩子的妈妈，不要过度焦虑和内耗，愿每个孩子都能远离抽动，恢复健康。

——题记

我是一个典型的90后妈妈，我的女儿今年5岁了。在外人眼里，我的女儿都是"别人家的孩子"，她似乎自带的文静大方，懂事听话，乐于求知。她乐此不疲地钻研一个故事或者一类算术方法，似乎她不仅是她，还是许多家长渴望的"报恩娃"，但其实只有我知道，我的女儿，在成为这样以前，经历了很多；亦或者说，在此时此刻，她都在与自己，与我，与家，乃至与她的小社会进行不断的修整和磨合。

由于我自己本身就是教育相关专业，因此，从孩子出生，我们一直秉承着要像对待荷叶上的露珠一样对待孩子。我们希望她平安健康，快乐成长，然后才是积极进取，掌握其他相关技能。我天真地认为我们这种佛系养娃应该不会有什么困难羁绊，可事与愿违，就在基本的吃饭睡觉方面，她就无比令人费心。从孩子出生到上幼儿园之前，她从来没有在11点之前睡过觉，更让人无法想象的是，她就是那种小时候需要抱着睡觉的娃。我们尝试过暗适应，白天的体力消耗，音乐催眠，补充维生素以及多种哄睡方式等，但缺乏安全感的她总是在入睡20分钟后就再次醒来，"沾床炸"就是她的第二称呼，也正因为这类简单而让人头疼的问题，把我这温柔的妈妈无数次推至崩溃的边缘，就在她快三岁的时候，她还是处于晚上只能找妈妈，一晚上夜醒无数次，需要抱抱、悠悠等"幼稚"行为的状态，而与此同时，发生了一件让我终生难忘的事情，把我从崩溃边缘拉回，进行了深刻的自我反思。

那又是一个普通的夜晚，不普通的是，我怀孕了，是一个二胎准妈妈。与此同时，我的女儿在深夜12时许还是不肯入睡，面对第二天的早起，我终于爆发了，在女儿再次要求抱抱的时候，我大声地说"不行！都多大了，还抱啊悠的，让不让人睡觉了，马上上幼儿园了，怎么还这样，不抱了，快回去躺下，拍着睡！"女儿大哭大叫，我无法形容当时的场面有多惨烈，自己的嘴脸有多丑陋，女儿的哭声有多让人揪心，固执的我跑到客厅也大哭起来，其实就是个简单的睡觉问题，让当时钻牛角尖的我想起从前，想起夜夜只能抱着睡，想起自己大把的脱发，想起每天拖着疲惫的身体还要兼顾工作和生活，想起家人想要分担但是她都是用闭眼哭闹把这一切打败，越想我越委屈，而在复杂交错的环境下，在奶奶、爸爸的安抚下，在体力不断地消耗下，她终于在凌晨两三点睡着了，而我也在沙发上睡了过去，一晚上她似乎狰狞了许多次，又被安抚了许多次，而我，在迷迷糊糊中也迎来了黑暗的次日。

"亲爱的果果，起来吧。"成年人似乎多复杂的情绪，在一觉之后都能冲淡，就像时间能治愈一切一样。而孩子是从来不会累积情绪的，她温柔地睁开眼，奶声奶气地叫着"妈妈，妈妈"，就在这时，我发现了个奇怪的问题，她的左眼总是频繁地眨动，而且频率很高，我以为是刚睡醒觉眼睛不大舒适，我轻轻给她揉动，让她自己晨起舒展一下，待她洗漱后端出早饭，可是一个小时过去了，两个小时过去了，她的左眼还是不断地眨动，我俯下身子问她："宝宝，你怎么了，眼睛为什么总是眨啊，不舒服吗？"她满脸疑惑地看着我说："妈妈，我控制不了。"我天真地以为是不是昨晚没有睡好，眼泪刺激产生等，孩子爸爸和奶奶也说，没有不舒服的话我们再观察一下，然而一天两天过去了，她还是这样，我开始紧张起来，自己上网搜索，网上的评论让我惶恐至极，我的孩子，可能是抽动了。带着这个噩耗我们来到医院进行检查，结果不出所料，就是这么让人无法接受，她就真的抽动了。这个结果对我来说简直就是五雷轰顶，让我不知所措的同时后悔至极。"孩子应该是受到了什么刺激，从而导致了抽动，可能是暂时的也可能一直持续，需要回去观察一下，这期间保持孩子情绪稳定，不要波动。"就这么草草的几句医嘱像一根根针扎在我的心口，我无法形容当时的心情，我拖着沉重的步伐回到了家，看着她眨动着左眼，我抱着她泪流满面。爸爸和奶奶都安慰我说，没关系，我们吃着药看看。我就这样每天五点多就睁开眼等待她睁眼，给她吃着维生素，带出去远眺，放松心情，每天希望有新的奇迹发生，每天刷着抖音看看成功案例，激励自己和抽动抗争，就这样日复一日，两个月过去了，她从左眼眨，转成双眼眨，转成右眼眨，从原来的2秒眨，改成了10秒，改成了20秒。但是眨动一直还是没有消失，只是有好转，而我似乎也自己学会了接纳。即便最后她还是这样又怎么样呢，她还是我最爱的宝贝啊，即便外人有异样的眼光又怎样呢，她仍是我心里的光啊。我试着不去埋怨自己灰暗的那一天，我试着和我的孩子交朋友，我从成熟妈妈变成幼稚妈妈，而在这种平淡且平等的交往中，我的宝宝从幼稚宝宝变成了成熟宝宝，她不再过分依赖我，也可能是因为安全感的极度满足，她可以中午独立入睡，她不再哭闹找妈妈，在我的开导下，她开始善于表达，开始不再在意别人对她的指指点点，开始正视自己，她开始变得自信，乐观，落落大方，而抽动就这在三个月左右之后的某一天，在我们都不大关注这个问题的某一刻，消失了。

有了这样一段刻骨铭心的经历，在现实和时间的洗礼下，我彻底地、真正地适应了"幼稚妈妈"这个角色，我每天聆听女儿的心里话，试着严慈相济的同时高度尊重家里的这个"小大人"，我时刻告诉自己，我们都是平等的，我不仅仅是妈妈，我还是她心里最信任的朋友，冥冥之中一切都是最好的安排，有那么一刻我竟然感谢这一次的惊险，让我重新收获了自己，收获了这个交心的挚友，让我彻底明白，朋友当以诚相待，孩子当以爱滋养，这样的孩子才能幸福得像花儿一样，茁壮成长！

作者：韩钰

点评：本文讲述了作为家长，妈妈是如何一步步哄好自己的女儿，与女儿共同面对抽动现象，最终共渡难关，相互治愈，并成功收获一个"别人家的孩子"的故事。怀二胎期间的妈妈面临着多重挑战，但是耐心的呵护、温柔的照顾让母爱的伟大一次次感动着孩子，鼓励着孩子，从哭闹找妈妈到变得安静乖巧。这个漫长的成长过程在旁人看来也许是女儿五岁时的那些文静听话，乐于求知。但可怜天下父母心，只有妈妈知道孩子小的时候经历过病痛的挑战，经历过从焦虑不安到省心放心的蜕变。同样妈妈的耐心，妈妈的坚持，妈妈的拒绝内耗、焦虑，一步步等待孩子康复、成长同样值得所有教育孩子的我们学习。开花结果都需要一定的时间，只有耐下心来，静待花开，摒弃精神内耗与盲目焦虑，才能让成长这场大人与孩子共同陪伴、相互治愈的修行得到一份满意的答案。（点评人：烟台市福山区河滨路小学　王涛）

第四讲　注重生活能力培养

家长朋友们，除了日常学习、工作之外，生活是我们人生的重要内容和幸福源泉。对于家庭教育来说，不断对孩子进行生活教育，培养孩子的生活能力，是家庭教育的重要内容。今天这一讲，我们就来讲讲生活能力的培养问题。

一、什么是生活能力

想要培养孩子的生活能力，首先我们应该了解生活能力到底是什么？我们可以从三个维度来理解。

第一个维度，就是人在生活当中自己照料自己的能力。比如说，自己吃饭，自己选择穿衣，照顾好自己的冷暖，管理好自己的睡眠，自己打扫卫生，自己清洗衣服、鞋袜、书包，有规律运动，照顾好自己的健康，管理好自己的学习，等等。

第二个维度，指向心态管理能力，做到能承受各种压力，管理好自己的情绪。

第三个维度，指向社会交往能力。人属于群居动物，能够独立地处理好与周围的人、事、环境之间的关系，才能更好地提升生活品质。

二、为什么要注重培养孩子的生活能力

很简单，因为孩子终有一天是要独立生活的。家庭教育的方向到底是什么？就是让我们的孩子能够幸福地度过自己的一生，这才是我们要追求的最终目标。

可是，如果一个孩子在即将离开父母，独自走向社会的时候，连最起码照顾自己的能力都没有，那何谈人际交往，何谈问题解决，何谈成长发展，又何谈幸福呢？

经常听到有的家长对孩子说，你只要把学习搞好了，其他的什么也不用你干。这种观点，从教育角度看是严重错误的，是本末倒置的。

前段时间有个事件在朋友圈走红：妈妈给上大学一年级的小宇同学寄了一箱足有10公斤的快递，装的全是日常用品，里面有中性笔、笔记本、A4纸等学习用品，也有卫生纸、洗衣液、洗发水等生活用品，以及常备药物、换洗的贴身衣物（脏衣服竟然要寄回家洗），还有冬季的御寒用品。家长朋友们，当您看到这个故事的时候，您有没有思考为什么会这样？

世间事有果必有因。据说小宇同学在上大学前，从来没操心过这些生活小事儿，因为全都是父母替他做，以至于像买东西这样的生活经验竟然为零，所以就出现了小宇离家千里依旧需要妈妈每个月邮寄生活用品的现

象。一个重点大学的七尺男儿能搞定数理化，挤得过高考的独木桥，却买不来卫生纸、洗发水，这个现象值得反思啊。

如果家长不注重培养孩子的生活能力，原本应该孩子自己做的事情，父母替代完成，那么相当于剥夺了孩子练习的机会，恶果是孩子因缺乏尝试机会而失去某种能力，这样出现小宇式的"不能独立生活"的大学生就不足为怪了。虽然父母对孩子都是充满爱的，但是会爱才是爱，不会爱就是伤害。

神舟十三号载人飞船发射成功，3位航天员被送入太空。他们在太空驻留时间长达6个月，这期间他们将面对恶劣的太空环境，以及长期的生理变化、狭小的生活环境等一系列问题。吃饭、喝水、休息对于地球上的人们来说，再平常不过，但对于在太空中的宇航员们而言，是不小的考验，需要非常强大的生活能力。

生活能力培养还包括心态管理能力和社会交往能力培养。我们都希望孩子未来生活幸福，幸福与什么有关呢？有人会说是金钱、权力、地位；有人会说是婚姻、社交、年龄；还有人会说是健康。以上这些因素的确会影响我们的幸福指数，但是这些因素加起来其实也只会对幸福产生有限的影响。归根结底，幸福是一种内心的体验，要想拥有持久的幸福，我们就得从自己的内心入手。是的，幸福与内心相连，这就需要孩子具备一定的心态管理能力。心态管理能力既是生活能力培养的重要内容，又对社会交往有很大的影响，而社会交往能力的强弱又反作用于孩子的心态，可以说心态管理和社会交往之间关系密切。

孩子从小到大，总会遇到各种各样的压力和困难，包括人际关系压力。人面对压力，最重要的是态度，也就是面对问题的心态。例如，前面所说的宇航员，除了生活自理能力，还要有过硬的心理素质来应对狭小的工作生活环境以及缺乏与外界沟通等因素造成的心理问题。再比如，在我们的日常生活中：别人能跳绳200个，怎么我只能跳10个？同学们都答对了问题，怎么就我错了呢？同学们都能跑五圈，怎么我跑三圈就累倒了？同学们考试得了100分，怎么我才得70分？小伙伴都不愿意和我玩，没有朋友，不被理解。这些问题都会给人不同强度的心理压力。这种压力，如果不被父母发现，没有得到缓解、释放，就会在孩子的心里不断积压着。久而久之，甚至可能会发展成抑郁症等心理疾病。

所以，如果孩子的生活能力得到培养和提升，孩子拥有了独立面对生活和工作中问题的能力，能自主规划自己的成长发展路径，能在面对工作、生活、交往压力时，保持良好的心态，那么这个孩子就有了获得幸福的基本能力。

三、怎样培养孩子的生活能力

第一，要将培养生活能力融入日常生活。首先，我们要学会"放手"。只要放手，孩子就会有成长，如果父母替代孩子做事，孩子怎么能够得到锻炼呢？其次，我们要把孩子遇到的事情都当成孩子成长的台阶。每克服一个困难，孩子的能力就会上一个台阶，渐渐地，孩子的生活能力就会获得长足的发展。

父母之爱子，则为之计深远。老鹰为了让小鹰学会飞翔，就狠心地将它推下山崖，要想保护自己，要想生存，就要迅速学会技能，这是动物都能做到的事情。元末明初的文学家宋濂，少时体弱多病，而且家境也比较贫困。但是宋濂的父母很有见地，狠心地将宋濂"抛弃"，让其游学。最终，宋濂成为一代宗师，和高启、刘基并称为"明初诗文三大家"。詹天佑12岁时，他的父母含泪送别詹天佑，放手让詹天佑远赴美国求学，后来进入耶鲁大学土木工程系学习，主修铁路工程，学成归国后，他负责修建了京张铁路，被誉为中国首位铁路总工程师，有"中国铁路之父""中国近代工程之父"之称。

懂得放手是一种智慧，父母选择放手，也是培养孩子责任感的开始。我们自己才是自己人生的最终负责人，我们有权力选择喜欢什么和不喜欢什么；有权力决定自己穿什么衣服，吃什么食物，交什么朋友；有权力选择自己的观点、情绪、态度，但同样地，我们也要为自己的选择负责任。如果一个孩子从来没有得到过选择的权力，那他就不知道如何去负责任。所以，放轻松，大胆地将选择的权力给到孩子，孩子会在"试错"的过程中一点点成长起来，成长成有责任、有担当、有想法、有主见的人。

第二，在家庭中要特别重视劳动教育。汉代儒学家荀子说："勤以修身，俭以养德。"劳动对于人的成长能起到很大的助力作用，能增强人的体能，增加耐力，塑造强健的体魄；能培养人的孝心、感恩之心，知道父母的不容易，能体会到他人的辛苦，尊重各行各业的人，珍惜他人的劳动成果；能够提升感受力，增强眼力，提升自己的问题解决能力，因为在劳动过程中，遇到问题时，需要动脑思考，动手能力不知不觉也就提升了；最重要的是劳动能提升心力，使人敢于吃苦，不怕困难，遇事坚强有毅力，乐观向上，积极开朗。我们会发现很多重要的人格品质都是在劳动实践中获得的。

近年来，随着教育部《义务教育劳动课程标准（2022年版）》的发布，劳动课正式成为中小学的一门独立课程，可以看出国家对于劳动教育的重视。

最好的劳动教育是在生活里完成的，父母是孩子劳动教育的第一任老师。有的家长可能会说，既然要重视劳动教育，那多简单，让孩子多干家务不就行了。让孩子做家务，参与劳动，是对的，但是劳动不等于劳动教育。劳动教育不只是简单地让孩子参与劳动实践，而是在劳动中磨炼意志，获得成长。孩子爱劳动，自觉劳动，以劳动为荣是一种重要且优秀的道德品质。孩子从2岁开始就可以学习照顾自己，4~5岁的时候学习服务他人，再然后是服务社会。

通过劳动教育，将中华传统美德集于一身，这样的孩子不管走到哪里，遇到什么问题，基本上都能有所发展。

第三，要及时肯定、鼓励孩子。1968年，美国著名心理学家罗森塔尔做了一个"未来发展趋势"测验，他随机选出一些学生，根据学生的成绩进行预测并写下一份"最具潜力的学生"名单，还特意叮嘱教师在不告诉学生本人的前提下注意长期观察。18个月后，结果显示，名单上的学生相对之前来说成绩确实有所提升，而且兴趣、师生关系等方面也有变化，而在低年级这一效果更显著。其作用原理为：教师对学生的期望通过其态度、表情、行为等传递给学生，学生接受了教师渗透在教学过程中的积极信息后，按照教师期望的方向发展，这种新的行为表现又反馈给教师，使教师原有的期望进一步强化，形成期望效应的良性循环（王承凤，等，2021）。

罗森塔尔效应是一种社会心理效应，指的是教师对学生的殷切希望能戏剧性地收到预期效果的现象。罗森塔尔效应在生活中应用得非常广泛，也可以用在培养孩子生活能力方面。比如家务劳动，要给孩子提供宽松的锻炼机会和环境。作为家长，当捕捉到孩子的做家务行为时，就可以运用罗森塔尔效应，为孩子做家务的这种行为点赞或表示欣赏，那么孩子就会从这个行为中获得成功体验，就会更加爱做家务，同样的道理，也可以用在情绪管理和社会交往方面。

及时发现孩子的优点和长处，及时给予鼓励、表扬和肯定，放大闪光点，让孩子从中认知自己，提升自身的能力和成功体验感。

第四，要注意觉察接纳孩子的情绪。人都有"七情六欲"，孩子有情绪是再正常不过的事情。家长要觉察孩子的情绪并接纳他们的情绪，引导孩子用积极正向的态度去面对生活中的困难和问题，养成正面解读的习惯，这是培养孩子积极人生观，勇敢面对未来的关键。

总之，只要是在安全范围内，凡是能够让孩子做的，家长都应放手让孩子尝试，并及时给予肯定和赞美，引导孩子积极面对困难，正向思考，正面解读，逐步提升孩子的生活能力。养育孩子的方法千千万，但是方向只有一个，那就是让我们的孩子终身幸福，希望我们都能找到方向，做智慧父母。

家庭教育故事：我能行

父母是孩子的启蒙教师。通过孩子自己组装书架的故事，引导和鼓励孩子们对自己的能力有一个准确的判断，特别是在孩子遭遇挫折的时候，父母的鼓舞是孩子的信心之帆。当孩子们在做一些事情时，父母可以指导他们抛开心中的顾虑，勇敢地去做，这就是孩子们"我能行"的动力。这件事发生在孩子上五年级的时候，几年来，他在各个方面都取得了很大的进步。在他成长的这段时间里，除了教师对他时不时的鼓励与帮助之外，更多的是父母对他及时的指导与激励。

读过父母必读书以后，不管是对孩子的教育观念、教育方式、教育结果，都有了很大的提高。以前的某些错误观念，比如"树大自然直"，让孩子们自己去做。所谓的"不打不成器"等不良观念，在实际教育中已经

"焕然一新"。攀比之风，宠溺之风，奢靡之风，"全职太太"式的"权钱交易"型角色，让父母们尝尽了"五味杂陈"中的角色转换。针对孩子的家庭背景、年龄、年级等身心发展的特征，父母运用科学的培养方式，认识孩子的能力，适时地引导，点拨，鼓励，在孩子的每一次进步中，都能给他们带来一次又一次的成功，这样才能铸起孩子一生的辉煌。

每一年，孩子们都在成长，家里原本的书架已不能满足需求，必须再加一个新的书架。在拼多多上买了一个小书架。趁着家长会那天，孩子的家庭作业不多，我希望他能自己动手把小书架组装起来。当他从学校回来时，发现他的卧室里有一包木板，他听从了我的建议，决定自己把书架装起来。我把工具递给他，但是没有告诉他该怎么装，只是有张图纸罢了，他就自己动手开始组装了。

晚上到了该吃饭的时候，我叫他把他的东西都收起来，跟我去吃晚餐，他说把书架装好再吃。我吃着饭，看着他在起居室里安装书架，十多分钟后，他说，由于木头很沉，螺钉也不好打，装起来非常吃力。有些木板接缝处存在问题，现在要重新安装，他觉得自己很笨。于是他说："如果你是老板，用了我这种人，公司就会赔钱，我就会被开除。"我马上告诉他，新来的人都要经过三个月的试用期，还开了个玩笑，说："如果你舅舅的公司能雇佣到你这么能干、这么肯吃苦的人，他一定会很开心的。"当他拧到第三个螺钉的时候，稍一不注意，螺丝刀在木头上划出了一道口子，"糟了，我把它弄坏了！"我走过去一看，发现并没有什么大的问题。我劝他，不要着急，尽管去干，如果真弄坏了，就当是爸爸送你的一件礼物，我再去买一件。当我的晚餐结束时，他仍然不肯把手中的活放下来去吃饭，我只好由着他。

随后我出门散步，顺便拿快递回到家里，回家后第一件事就是参观他的小屋，这使我大吃一惊，小屋已经焕然一新，地面打扫得干干净净，桌子上摆满了各种书籍、文具。刚被他装好的书架放在一个最合适的位置，上面放着许多书，还有他自己的画作。这里瞬间就跟换了个家似的，宽敞了不少。我夸他聪明能干，他很开心，他妈妈让我猜他吃饭的时间，我说应该在七点钟之前，他妈妈说刚刚才吃完。"你怎么没早点吃？"我问道，他说："自己忙着整理书架和房间，都忘记了吃饭。"

从这件事来看，孩子们自己是很难对自己做出准确判断的，特别是当他们遭遇了挫折的时候，父母的引导和鼓励是非常关键的；当孩子们有顾虑的时候，让他们抛开思想包袱，勇敢地去做。我们要了解儿童各阶段身心发展的基本知识，通过日常观察和行为分析发现孩子身心发展的差异性、独特性，了解孩子成长的需求，对孩子成长中的问题能做出科学合理的解释，适时对其教育引导，也是很重要的。当时我的孩子正在上五年级，现在上初三，在各个方面都有很大的进步。在他成长的这段时间里，老师对他的激励和帮助发挥了很大的作用。

孩子受到的教育，决定了他未来的人生和职业！父母是孩子最早的老师。记得有位家庭教育专家说过：没有胜利的子女，就没有胜利的人生！优秀的孩子背后一定有优秀的教育方法。我会像往常一样，做终身学习的家长。

作者：唐凯东

点评：优秀的孩子背后，往往都会有懂得如何教育他们的父母。这并不是说这些父母一定拥有高学历或专业的教育背景，而是他们愿意去了解孩子、尊重孩子、信任孩子，愿意为孩子的成长付出时间和努力。故事的作者就是这样的父亲，他通过生活中让孩子自己组装书架的故事，引导和鼓励孩子对自己的能力有一个准确的判断，特别是在孩子遭遇挫折的时候，父母的鼓舞是孩子的信心之帆。

通过日常观察和行为分析，我们可以更好地了解孩子的需求和问题，提供适时、有效的教育和引导，促进他们的健康成长和发展。每个孩子都是独一无二的，他们都有自己的兴趣和擅长的领域。通过发现和培养孩子的兴趣和天赋，我们可以帮助他们建立自信心和成就感，为未来的成长打下坚实的基础。（点评人：中国烟台赫尔曼·格迈纳尔中学　刘双双）

家庭教育故事：家庭教育从"小"做起

父母是孩子的第一位老师，也是孩子做人的楷模。如果说学校教育是左手，那么家庭教育就是右手，只有左右手臂一齐张开，才能托起孩子的教育；如果说孩子是雏鹰的身躯，学校教育培育了孩子的一只翅膀，家庭教育就培育了另一只翅膀，这样我们的孩子才能飞翔起来。现在我们的家庭，孩子多为独生子女，有些家长对孩子宠爱有加，百般溺爱，生怕孩子吃苦，这样培养出来的孩子将来怎么去面对社会和生活呢？我认为，应该从小培养孩子的生活能力。如何培养呢？

一、自立，从小抓起

为了培养孩子从小自立，从两岁的时候我就让他自己穿衣自己吃饭，尽管他开始的时候很不情愿，穿衣服前后颠倒，吃饭吃得到处都是，但是我经过多次尝试，一步步教他如何穿上衣，如何穿裤子，如何端碗，如何拿筷子，经过我的细心指导和教育，他还是从中感到了乐趣，吃饭和穿衣都有模有样了。

父母在相信孩子有自立能力的同时，也要让孩子明白，他是可以自立的。因为自身工作时间的原因，我在下午四点半以前往往不能按时去学校接孩子，因此在小学一年级的时候就不得不"狠心"地教会孩子自己独自坐公交车回家。记得在孩子一年级下学期的时候，第一次让孩子自己坐车回家，说实话自己确实有些提心吊胆，一是怕孩子坐车不安全，二是怕孩子坐车错过了车站，但是自己下午有教学任务，肯定不能按时去接孩子，只能狠一狠心让他自己回来。因为怕小孩错过车站，我就在孩子的衣服里放了四块钱，与他说好了，万一车子坐过了头，可以用另外两块钱坐车回来，没有坐错的话，那两块钱就作为奖励。那天当我忐忑不安地上完课回到办公室的时候，孩子正兴高采烈地在办公室里与同事玩儿，我不由得对他竖起了大拇指，表扬了儿子的能干。

从这个例子可以看出，孩子并不像我们想象得那样脆弱，他们其实可以做很多事情，只是因父母的溺爱剥夺了他们自理的能力。我们应该鼓励孩子，相信孩子，因为他们的能力和潜力是很大的，一定是有你没有想到的一面。

二、自立，从自理开始

俗话说："一屋不扫，何以扫天下？"同样，不能自理，何以自立？

从孩子能自己穿衣服开始，我就不再给他穿衣服；从一年级开始就让他自己单独在一个房间里睡觉；让他自己收拾床铺。让他自己洗袜子、洗脸、自己吃饭，家里能干的活，比如拖地，就让他自己干。我想让他从小就感到劳动是光荣的，能干的活就要自己干。

其实，有时候，父母没必要什么事都去管，应该让孩子自己去做。比如，天冷的时候，父母们不要先对孩子说"该穿大衣了"，而要让孩子自己在感受中学会加衣服。孩子长大了，迟早将脱离父母的羽翼去独立生活，因此在小孩成长的道路上早些教会孩子自己照顾自己非常重要，家长应逐步放手让孩子学会照顾好自己。

三、在生活中培养孩子的责任心

要让孩子知道，爸爸妈妈上班工作是责任，他上学校学习也是自己的责任，是自己应该做的。每天晚上睡觉前，我让他自己收拾好书包，告诉他如果作业、课本没有装好是他自己的事。有一次到他姥姥家去，语文作业没带，导致下午就要从他姥姥家早早回去，不能到其他地方玩了，他很不高兴。我就告诉他，这是你自己造成的。如果你自己带好作业，就可以在姥姥家把作业做完，下午可以多玩一会，不用早回家做语文作业。

四、自立要适当地找"苦"给孩子吃

不经历风雨，怎么见彩虹？古人云："自古英雄多磨难。"古今中外的许多名人，少年时代都是在贫困中度过的。贫贱忧戚的生活，激发他们奋发向上，经千锤百炼，终有所成。少年时期是长身体、长知识，培养高尚品行情操和良好气质的关键时期。贫贱忧戚，固然不是我们故意追求的东西，但它确实可使有志气的青少年产生强烈的危机感，懂得如何勤奋努力、创造未来；而养尊处优，把享受寄托在他人的劳动之上，就会缺乏危机感，不思进取。建议家长能适当找"苦"给孩子们吃，避免他们染上"富贵病"。而经历过艰难困苦环境锻炼之后，人不仅有坚强的意志、实干的本领，而且还会产生尊重他人、珍惜时光、爱护财物等优秀品质，其生存能力和竞争意识都会加强，这对于他们适应社会，有所建树，会大有裨益。

五、让书籍成为孩子生活中的朋友

都说"书籍是人类进步的阶梯"，多看书让孩子懂得许多做人的道理，在教育过程中会轻松很多。当父母看手机的时候，孩子在学习，这样就是对孩子的不尊重，所以生活中我选择拿起一本书来读，这对孩子起到了潜移默化的作用，让读书成为孩子的一种生活能力。最近孩子喜欢读历史书籍，我就陪他一起读《史记》《资治通鉴》等，读完他告诉我历史上很多名人都很了不起，在交流书中的人物时他还说评价人物要客观公正，我感到非常欣慰。随着孩子的长大，我们要跟上他们的步伐，多学习，多了解一下某个阶段孩子的需求，不要过早地造成代沟。

细细想一想作为家长真的很辛苦，但孩子的自立自强生活能力的形成不是一朝一夕的事，家长自己必须做个有心人，制订计划，持之以恒。每个孩子都是一个独立的个体，所以每个孩子都有自己独特的人格，没有万能的教育，只能是每个家长在家庭教育中不断摸索实践。有人说孩子是父母的第二次人生，在孩子的成长过程中父母也是在不断成长的。每个家庭的环境也不同，孩子的具体状况不同，教育的具体方式也不同。在孩子的成长教育过程中我也曾困惑和彷徨，但我会依然执着和努力。

作者：郭晖

点评：本文落脚于对孩子生活习惯的培养。文章开始，作者强调了从小培养孩子自立精神的重要性，从让孩子独立穿衣、吃饭等日常生活小事入手，这一举措不仅锻炼了孩子的动手能力和解决问题的技巧，还提升了他们的自信心和成就感。

倡导家长逐步放手，让孩子在生活中学会自理是本文的第二个重点。作者以让孩子独自坐公交车回家为例，尽管起初充满担忧，但最终孩子成功完成任务的经历展示了孩子们在适当引导下的自主性和适应能力。这种做法符合教育学中的"适度放手"原则，有助于培养孩子的生活技能和社会适应性。

与此同时，作者主张在日常生活中有意识地培养孩子的责任心，让他们了解个人行为对自身及他人的影响，鼓励他们为自己的学习和行为负责。同时，提倡找点合适的"苦"给孩子吃，让孩子体验困难与挫折，以增强其意志品质和抗压能力。更提倡让书籍成为孩子的朋友，通过阅读丰富孩子的内心世界，培养高尚情操和审美观，体现了家庭环境对孩子终身学习习惯养成的深远影响。同时，作者指出家长应不断学习，跟随孩子成长的步伐，避免产生代沟，确保家庭教育与时俱进。（点评人：烟台市福

山区河滨路小学　王涛）

　　总结：本章介绍了好家长的四个观念，对家庭教育有导向功能，只有认识到这四个观念的重要性，才能把握好家庭教育培养人的方向。同时本章以丰富的事例展示了家长应该怎样去促进孩子的身心健康，培养孩子的道德品质、良好行为习惯，提升孩子的生活能力。

第二章　好家长的八种品格

必备教育品格是指家长进行家庭教育必须具备的品质。家长必备教育品格包括：慈爱、诚信、耐心、信任、接纳、平和、民主、尊重等。

第五讲　慈　爱

家长朋友们，在教育孩子的路上，我们都说自己是以十分之爱来对待自己的孩子。的确，慈爱是我们作为家长首先要具备的教育品格，因为没有爱就没有教育。可是，我们真正懂得什么是慈爱，如何慈爱我们的孩子吗？本讲就重点来谈谈这个话题。

一、慈爱的内涵

毫无疑问，慈爱是一种品质，而且是人类最珍贵的品质和美德。老子在《道德经》中说："我有三宝，持而保之。一曰慈，二曰俭，三曰不敢为天下先。"什么意思呢？老子说自己有三件修身处世的法宝，一是慈爱，二是节俭，三是不与人争，不出风头。"慈爱"居于三宝之首，可见其重要。

我认为父母之"慈爱"，是一种温和而坚定的爱。"温和"之爱，就是无论在什么时候都要让孩子感受到父母温柔平和的关爱，即便是在孩子犯错的时候也不例外。而"坚定"之爱，就是父母要时时坚定自身的态度，引导孩子坚持做事的基本原则，不触碰底线。如果孩子的行为确实不恰当，身为父母，要坚持立场，坚定地引导孩子进行"救失"。所以，"慈爱"既是父母用充满爱意的眼神凝望孩子，让孩子感受到接纳和包容，让孩子内心充满温暖，充满安全感，又是用规则约束、引导孩子正确做事。

要做到温和而坚定的爱，我们就要了解"心"。那么心又是什么样的呢？《三字经》中讲道："人之初，性本善；性相近，习相远；苟不教，性乃迁。"小孩子的心性是什么样的呢？是本善。那本善又带着什么？带着习性。

心，它有善，也有习性。心既带着真善美，这是它本来就有的，也带着贪嗔痴，这是它沾染的，所以在养育孩子的过程中，要想做到温柔而坚定地爱，就必须知道什么是正确的，什么是错误的，要给孩子养正了。我们要有慈爱心，首先要了解孩子做抉择的方式是什么。他不像大人这么复杂，非常简单但又"诡计多端"，这叫随心所欲，他是跟着心走。凡是快乐的事，就会还要，就会继续；凡是痛苦的就会不要，就会拒绝。他不是拒绝那个事，他是拒绝那个事带来的痛苦。

我们希望给孩子一个幸福的人生，那教育要做的是什么呢？老师和家长要不要教孩子善？怎么教孩子才会喜欢呢？怎么断孩子的恶？当他对于恶产生什么感觉时会远离恶？要让这个感觉形成一种惯性，什么惯性呢？乐善，以善为乐。他以善为乐的时候，他的行为就会持续。学习也是同样的道理。可以让孩子怎样？乐学。他为什么喜欢学习？因为学习带来了快乐。因为快乐，更加喜欢学习，越学习越快乐，越快乐越学习，将来就是一个爱学习、有好习惯的孩子了。您的孩子有好习惯又爱学习，孩子就变了，就形成了心灵上的正向记忆，然后才能贯通整个人生。孩子越是小的时候，越要在心灵上调整，小孩子不是急着接受知识，重在调这个感觉，形成一个美好记忆。家长明白了才能在日常生活中做到温柔而坚定地爱，既能接纳，理解，包容，又能坚定地坚持正确的引导。

二、如何做才是"慈爱"

慈爱是温和而坚定的爱，家长首先要明理，要有正知正见，那么有哪些算正知正见呢？家庭教育的内容很多，我们大致总结一下，家庭教育要教哪些善，可以构筑孩子一生的幸福。根据这个时代孩子们的需要，整理了六大方面，我们叫"六德"：孝道、诚敬、利他、感恩、勤俭、立志。

六德的根基在哪里？在孝。孝是百善之根、百善之源。一个孩子如果能够有以上六德，能够做到，那他的人生基本就会圆满。家长要明白这个理，内心才能定，笃定笃行，才能做到温柔而坚定地爱孩子，会爱孩子。

我们作为家长，教孩子首先要知道一个大前提，孩子天性叫"人之初，性本善"，教育正是从这里开始。教育不是无中生有，它是培养，不是制造。孩子有善根，我们把那个善根给培出来、养出来。能培养出来是因为他本来就有。

慈爱不是溺爱，慈爱是温柔而坚定地做事。

首先，接纳孩子。家长要相信孩子都是独一无二的，并允许孩子与众不同。家长要接纳孩子的情绪，接纳孩子的行为。家长接纳孩子，孩子感受到尊重，感受到信任，感受到爱，彼此产生更深的亲子连接。同时，家长要用欣赏的眼光看待孩子，发现孩子身上的优点和长处，欣赏它、肯定它、赞美它，不断强化孩子的正向行为，让孩子从中获得更强的成功体验。教育孩子，首先一定要发现孩子。要发现问题，更要发现优点。通过按下确认键，让问题慢慢被化掉，每次确认对他都是一种反馈，他也会观察和琢磨：我这么做对了，妈妈看见了，妈妈表扬我了，老师看见了，老师表扬我了，我要继续这么做。对孩子的正确行为及时进行确认，会触动孩子，习而入心为惯，养成了好习惯。在这里提醒几点注意事项：第一，传统老观念，吝于表扬孩子。第二，挑问题专家，以为这就是教育。第三，不明善恶，不知该表扬什么，也不知道该批评什么，不明理更谈不上慈爱了。父母不懂慎于始，父母的默许，父母的微笑，会让孩子误以为自己当下做的事、说的话是正确的，父母不明理就做不到真正的慈爱，孩子说："奶奶我不喜欢你，你出去。"大人就像没听见一样，孩子下次还会这样说。父母要是一管，奶奶说，不用你们管，这是我孙子，他这么说我愿意。好，下次孩子会坚持他的"不喜欢你"。

然后，严守家庭规则。家庭规则可以帮助孩子了解哪些行为是允许的，哪些行为是不允许的。生活中，家长用坚定的态度捍卫家庭规则，培养孩子的规则意识，形成自律性。家庭规则应该是确定的、可执行的、一视同仁的。所以，建议家庭成员一起坐下来，认真地讨论如何建立以及建立怎样的家庭规则。

《钱氏家训》是中国传统文化中的重要组成部分，也是一项非物质文化遗产，是由钱氏家族积累的智慧和经验，是以口头和书面形式传承下来的家族规范和价值观。据说，钱氏家族每有新生儿诞生，就要全家人一起恭读《钱氏家训》。钱家的子子孙孙必须遵守《家训》。正因为如此钱氏家族人才辈出，有诺贝尔奖获得者，有科学家、国学大师、外交家、全国政协副主席、两院院士等。最负盛名的是"三钱"：钱学森、钱伟长、钱三强。在家庭中建立家庭规则是家族价值观的部分体现，严守家庭规则能让孩子始终行驶在正确的道路上。

最后，建立良好的沟通模式。这里不得不提到"维吉尼亚·萨提亚"，她被誉为"每个人的家庭治疗大师"。在其72年的生命历程当中，萨提亚一直怀着"人可以持续成长、改变，并开拓对生活崭新的信念"这一信仰，孜孜不倦地致力于对家庭治疗的教育工作和写作（吕晋，2020）。萨提亚所提倡的一致性沟通是目前心理学界最有效的沟通方式之一。通俗地讲，一致性沟通就是在沟通的过程中不仅要关注自己的感受，表达自己的观点和期待，同时也要关注到对方的观点、感受和期待。实现一致性沟通有四个步骤：首先，认可对方的感受，同理对方的情绪；其次，表达自己的感受；再次，表达自己的想法；最后，不作批判性评价。例如，对于孩子沉迷于玩手机而不加节制，运用一致性沟通的模式，家长可以这样和孩子交流：孩子，你玩手机已经超过了一个小时，你玩手机很开心，不想停下来是吗？（这是认可对方的感受）但是，我们约定的时间是半小时，你没有遵守，我感觉很生气（这是表达自己的感受）。妈妈主要是担心长时间玩手机可能会影响视力（表达自己的想法）。可以把手机还给我吗？这个过程中，家长既接纳了孩子的行为，平和地表达了自己的感受和观点，又坚定地引导孩子遵守规则。这样的模式，更容易达到教育目的。

总之，慈爱是温和而坚定的爱。家长要做的是接纳孩子的独一无二，欣赏孩子的与众不同，在充满爱的家庭氛围中建立良好沟通模式，引导孩子遵守规则，坚定信念。在慈爱中成长的孩子也会用慈爱的品质爱他人、爱社会、爱国家、爱这个世界。愿我们的孩子都能成长为有责任、有担当的自信而幸福的人。

家庭教育故事：爱我，你就抱抱我

"妈妈，抱抱。"初为人母的我，家里有个不到两岁的女儿，她经常性地就会在耳边念叨求抱抱，每到这个时候，我就会非常开心地抱住她，她脸上挂满笑容，也高兴地享受着妈妈的拥抱。

让我没想到的是，这么小的孩子，竟然也会主动去抱抱我。事情是这样的，那天，我在家里在扫地，她在家里的某个角落进行探索。突然，一个不小心，我的手指被扫把的顶端给划破了，紧接着伤口开始流血，我停下来开始用纸止血。这时，孩子也发现我受伤了，停下来看着我。我蹲下身来，跟她撒娇一样说："琪，妈妈的手指受伤了。"话音刚落，只见她立即扔下她两只手里的玩具，伸开双臂，走向我，抱住我，小手落在我的肩膀上，轻轻拍着。没有语言，有的却是涌上心头的一股暖流。我讶然于一个一岁多点的孩子，竟然会用拥抱安慰人，同时，也感动于她的拥抱带给我的温暖和力量。

这件事引发了我深深的思考，我们都知道，拥抱能够增强人与人之间的亲密关系，那拥抱到底有什么更深层次的神奇魅力呢？

我想起哈洛著名的恒河猴实验，实验者提供了金属制作的猴子妈妈和绒布做的猴子妈妈做对比实验，小猴子除了吃奶去找金属猴子妈妈，其他的时间更愿意去找绒布猴子妈妈。小猴子的健康成长尚且需要接触安慰，比猴子高级的人类，那需求必定会更多。

迈阿密接触研究机构发现，对早产儿来说，更多的日常接触能提高婴儿的成长速率。

同时，心理学研究表明，那些经常被触摸和被拥抱的孩子的心理素质，要比缺乏这些行动的孩子强得多。

拥抱，是接触安慰的一种，是我们传递感情，表达爱意的行为表现。它具有多重心理学意义：安抚情绪、增进亲密感、促进身体健康、提高自尊心、增强幸福感、强化关系、传递信任和安全感、满足肌肤渴望、抗衰老、提升共情能力等。它对于孩子健康成长的作用，是毋庸置疑的。

可在现实生活中，我们给予和收获的拥抱多吗？并不多。

像我，生活中，我是一个妈妈，跟所有的家长一样，无论什么，我都想给孩子最好的。但拥抱却没有被列在我能想到的最好的东西里。我是一个妻子，由于平时工作的繁忙，再加上孩子的到来，与爱人之间的拥抱少之又少。有爱，但疏于表达，更疏于用拥抱来表达。我也是一个子女，对父母的爱，都放在了行动上，拥抱几乎是没有。

工作中，我是一名老师。工作原因，我看到了很多父母，对孩子有着爱的唠叨，有着遇见问题时的语言安慰、考试成绩好时的物质奖励，但给予孩子拥抱的，也不是很多。在我现在教授的班级里，我做了一个小调查，60％的同学认为父母对自己拥抱较少，30％的同学认为父母对自己的拥抱较多或是还可以，剩下10％的同学是没啥感觉。当问及为什么和父母的拥抱少呢？三年级的孩子，马上喊出四个字：不好意思。

拥抱具有如此神奇的魔力，为什么我们却不用呢？

我想，孩子们说出的是最主要的原因，中国人表达爱的方式一向比较内敛，婴童时期，对孩子的拥抱觉得很正常，孩子大了，有了更多的批评和表扬的方式，拥抱起来让人觉得有点不好意思了。其次，我们会觉得心里有爱，彼此之间知道就行，表达不表达的都无所谓。最后，随着时间的推移，我们就习以为常，对爱的表达和接受不敏感，甚至漠视。

拥抱是人原始本能的需求，也是人类精神抚慰的需求。我们爱着很多人，我们也被很多人爱着，深爱不能因为不好意思而被辜负。所以，在生活中，我们要把拥抱列为每天的必需品。

作为家长，我们可以每天给孩子一个拥抱，用行动告诉孩子"我一直爱着你"。当他成功时，我们抱抱孩子，用行动告诉他"我高兴地看到你的成就"。当他失败时，我们抱抱孩子，用行动告诉他"我永远陪着你。"一个拥抱，抵过千言万语。

所以，请每天给你爱的、爱你的人至少一个拥抱。同时，我要为所有的孩子呐喊，正如歌词中所唱："爱我，你就抱抱我。"

作者：王宁

点评：慈爱表现为善待孩子，了解孩子的心声和需要，发自内心地尊重、关怀、爱护孩子，慈爱是家庭教育中至关重要的一环。本文作者通过生动的故事情节传递爱和关怀等正面的人生观和价值观，对孩子的成长起着不可或缺的积极作用。孩子在家庭中受到的情感关怀和教育愈发凸显重要。而慈爱作为一种温暖而深刻的教育方式，能够有效地引导孩子树立正确的人生观和价值观，培养孩子的情感和品德，促进家庭和谐发展。本文情节感人，语言平实易懂，以鲜明的人物形象和生动的情节来表达家庭教育中的关怀和期许，并且文中结合了很多心理学原理，不仅情节引人入胜，更通过智慧的语言和意蕴让人们在情感和智慧上得到滋养，对于家庭教育和孩子成长有着深远的启迪效用。（点评人：烟台市福山区东华小学张风艳）

家庭教育故事：稳定的情绪，自信的孩子

前段时间，几位朋友坐在一起闲聊家常的时候，谈论起各自孩子生活里的趣事，我一直认为，陪伴一个孩子成长真的是一件很幸福的事情，每天大大小小的趣事充斥着你忙碌的生活，让你的生活每天都多姿多彩，甚至充满着惊喜。我不喜欢很多父母用居高临下的姿态来教育孩子，做父母不单单是来体验快乐的，还需要承担自己的责任，孩子向我们发起挑战时，更考验我们情绪稳定的能力。

以前在书上看到过这样一句话，情绪脾气人人都有，发出来是本能，压下去才是本事。印象里有这么一件事情，孩子小的时候吧，我买了一些串手链的珠子，想锻炼一下孩子的专注和动手能力，和她串了几个后，我感觉她可以独立完成这件事情了，我就去厨房做饭，她自己兴致勃勃地要串一个更长的项链送给我，不一会她高兴地喊我要送过来给我看看她精心设计的项链时，手一滑，整个刚串好的项链像天女散花一般散落得满地都是，紧接着她就哇哇地哭了起来，我听到声音回头看见她满脸伤心的模样，关上厨房的火，走到她身边，缓缓地蹲下给她擦着眼泪安慰她说，我理解你现在肯定特别伤心，用了很长时间又精心设计地想送给妈妈，她吧嗒吧嗒地掉着眼泪点着头，我一边捡起地上的珠子，一边接着说，其实你再难过好像珠子也不会恢复到以前的模样，但是我感觉你如果再为妈妈串一条，肯定比这个更好看，而且你和妈妈来比赛，看看是妈妈先做完饭还是你先串完项链好吗？新一轮的想法和挑战，很快就驱走了她刚才的阴霾

心情，她斗志激昂地和我一起把珠子全部捡起，并且鼓励着自己，有了刚才的经验，我肯定会比刚才设计得更好，然后整装待发，吸取上次教训，设计了一条独一无二的手工定制项链。

平凡的生活里，孩子的成长过程中，不管是遇到什么事情，我都希望为孩子树立一个不慌不忙的冷静形象，以前她打碎、打翻了东西，就开始惊恐害怕地喊着我们，我们都会耐心地与她一起处理，告诉她下次再遇到类似的事情，只要没有危险，你不需要害怕，也可以不用喊我们，自己找到能处理好的办法，把事情解决掉才是最终的目的。再后来我偷偷地观察着，自己再遇到小的麻烦的时候，她都会有条不紊地处理着现场，即使遇到不好处理的，也不会害怕告诉我们了，这也许就是父母给孩子的底气及安全感吧。

至于孩子长大后，这个世界会变成什么样子，我们不得而知。我们希望孩子长大后成为有能力、有责任心、有爱心的人，然而，我们真的不知道该如何让这一切变成现实。我身边有一位对孩子的学习极焦虑的朋友，用焦虑形容她真的不为过，听着她眉头紧闭地说着有一天她给孩子布置的任务，孩子只是完成并没有检查，因此她对孩子大发雷霆并呵斥孩子立刻完成任务，她还要在旁边指责孩子没有耐心去检查。当朋友讲到这的时候，我终究还是没有忍得住问了一句，当他不想坚持做这件事情的时候，你没有鼓励他或者陪他一起做下去吗？朋友认为做好自己的事情是他的本分，就应该从小养成好的习惯。其实对于朋友的看法，我也不是不认同，因为孩子刚上学，确实是应该养成良好的习惯，但我感觉她忽略了一点，你不能让孩子带着抵触的心理去做一件接下来要做很久的事情，让他独自去检查一百道数学题的时候，对他来说是有点枯燥的，那如果在他要开始分心走神，不想坚持的时候，我们就过去稍稍地安慰一下，引导他继续坚持，让孩子感觉到这件事情也没有那么困难、那么枯燥，会怎样呢！好的习惯不是一次两次就能养成的，是需要时间和耐心的，这次他自己能坚持检查到10道题，第二次就能坚持着检查到20道题，循序渐进地让他对这件事情有了兴趣，以后他在独立面对类似情形的时候，就不会再退缩了。

我非常认同的观点是父母在教养孩子前首先要成为孩子最亲密的人。在孩子童年时期和整个人生中，他们的心理健康在一定程度上取决于我们保持积极情绪的能力。积极乐观、充满鼓励的氛围能为孩子的茁壮成长提供沃土，和我们一样：孩子需要肯定，需要我们为他们的努力喝彩！

作者：曲婷婷

点评：育儿先育自己，陪伴孩子成长时走过的路，是父母的成长之路。作者通过讲述孩子成长中的一件件小事，用自己的不慌不忙，用自己的言传身教告诉孩子，"情绪脾气人人都有，发出来是本能，压下去才是本事。"先是陪孩子串珠子做项链，珠子散落一地，孩子流眼泪时，妈妈不慌不忙地说："你再难过好像珠子也不会恢复到以前的模样，但是我感觉你如果再为妈妈串一条，肯定比这个更好看，而且你和妈妈来比赛，看看是妈妈先做完饭还是你先串完项链，好吗？"孩子串出了独一无二的手工定制项链。孩子打碎了东西，妈妈会告诉孩子"下次再遇到类似的事情，只要没有危险，你不需要害怕，也可以不用喊我们，自己找到能处理好的办法，把事情解决掉才是最终的目的"。就是在一次次的事件中，孩子感受到了家长的慈爱，有了十足的安全感，有了做事的底气和信心。（点评人：烟台市福山区门楼兜余小学　胡晓玲）

第六讲　诚　信

家长朋友们，我们经常讲朋友相处要讲究一个诚信，其实在每天的亲子相处中，诚信也是我们做家长应该必备的一种教育品格。本讲我们就来谈谈诚信。

一、诚信的内涵

诚信，即诚实守信，有两层含义，一方面指为人处世真诚诚实，实事求是，另一方面是指信守承诺。

诚信，是中华民族的传统美德，从古至今都在倡导诚信。春秋时期，管仲在《管子·枢言》中说："先王贵诚信。诚信者，天下之结也。"管仲认为，诚信是天下伦理秩序的基础。孔子说："民无信不立。"他认为，诚信是治理国家的重要思想，更是人们交往应遵循的基本道德规范，要做到言而有信。2012年11月，中共十八大报告明确提出社会主义核心价值观，"诚信"位列其中，要求每个公民把诚信作为应当遵循的基本行为准则。可以看出，从大处说，诚信是治国安邦之道，从小处说，诚信是一个人立身处世之本。而在家庭教育中，诚信是亲子交往沟通的基本要求。

大家都听过曾子杀猪的故事吧。曾子的妻子要到集市上去，他的儿子听说了，哭闹着也要跟着去。曾子的妻子对儿子说："你回去，等我回来以后杀猪给你吃。"妻子从市场回来了，曾子要捉猪来杀，他的妻子拦住他说："那不过是跟小孩子说着玩儿的。"曾子说："绝不可以跟小孩子说着玩儿，小孩儿本来不懂事儿，要照父母的样子学，听父母的教导，现在你骗他就是教孩子骗人，将来孩子长大就会骗其他的人，做妈妈的骗孩子，孩子不相信妈妈的话，那是不可能把孩子教好的。"曾子于是把猪杀了。据史书记载，曾子有三个儿子，曾元、曾申、曾华，在各自从事的领域都取得了不错的成绩。有人开玩笑说，这头猪杀得真值。杀猪是小，父母言出必行是大。

父母的榜样的力量是无穷的，不能简单地说教，更不能信口胡诌。有一个母亲就警告她的儿子说："再撒谎，就用针把嘴缝起来。"那如果孩子真的撒谎了，你真的会缝上他的嘴吗？显然这位妈妈对孩子说的话，本身就不现实，用这种方式来教育孩子不撒谎是非常不可取的。要纠正孩子的不守信用，家长先要做到言行一致，孩子的模仿能力很强，很容易受到某种行为的暗示。如果父母言行不一，不履行承诺，孩子就会受到暗示，跟着模仿。在"赢未来行知工作坊"的课堂上，一个家长分享了她同事的故事，说这位妈妈很不喜欢孩子的爸爸出去喝酒。有一天，家里的电话铃响了，是孩子接的电话，和妈妈说，叔叔问，爸爸在不在家。妈妈就对孩子说："告诉叔叔，爸爸不在家。"孩子依照妈妈的交代完成了任务，最终男主人在不知情的情况下如女主人所愿没有出去喝酒。这看似平常的不稀奇的小事儿，或许之前也已经上演过很多次。在家长看来，这只是个搪塞，不过是让孩子当了一回传话筒。试想，如果孩子长年处于这样的家庭氛围中，久而久之他说假话会不会像说真话一样自然吗？如果有一天，孩子撒了谎，很多家长会说，从小就教育你要诚实，不能撒谎，你这都是跟谁学的？大家想一想，孩子究竟是跟谁学的？

咱们谈家庭教育，中间有一个重要转折点，就是家长反省还是不反省。反省意味着问题可解，不向内找答案，找不出根本答案来。这就是我们做家庭教育一个非常重要的诀窍：孩子出问题，向家长找答案！孩子如果不诚信，需要家长先改，来上课的必须是家长。

孩子出现的问题咱们用三句话来概括。

第一句，相由心生。孩子所有的行为相——叛逆、辍学、放逸，都是由心产生的。

第二句，心必有因。这个心从哪里来呢？必有其原因，心不会无缘无故如此，一定有一个发展过程。

第三句，因在哪里？父母要反思了，我错在哪里？（李柏映，2017）

我们希望孩子要具备的各项品质、品德都是一样的，比如：孝道，诚信，利他，感恩，勤俭，立志，想让孩子具备这些品质，家长要先做到，更要明理。

二、父母如何做到诚信

不管是为人处世，还是教育孩子，诚信的重要性可见一斑。在日常生活中，作为父母，我们如何做到诚信呢？

首先，一定要言出必行，哪怕是无意中说出的话也要兑现，一言九鼎，营造诚恳、互信的家庭氛围。尽管孩子年龄小，但同样能体会到父母对他的尊重和信任。从小受到尊重、信任的孩子，会更加懂得怎样去尊重、信任别人，和怎样得到别人的信任。所以说，教育孩子，不是说给孩子听，而是做给孩子看，身教重于言教。

商鞅在开始推行新法前，为了取信于民，他派人在城中竖立一木，并告知："谁人能将之搬到城门，便赏赐十金。"秦民无人敢信，后加至五十金，于是有人扛起木头搬到城门，果然获赏五十金，从此宣示与开展商鞅变法，史称"徙木立信"。北宋王安石在一首称赞商鞅的诗中以"一言为重百金轻"来比喻言出必行的重要性。

而同样在商鞅"立木为信"的地方，在400多年以前，却曾发生过一场令人啼笑皆非的"烽火戏诸侯"的闹剧。

周幽王有个宠妃叫褒姒，为博取她的笑，周幽王下令在骊山的烽火台上点起烽火——烽火是边关报警的信号，只有在外敌入侵需召诸侯来救援的时候才能点燃。结果诸侯们见到烽火，率领兵将们匆匆赶到，弄明白这是君王为博取一笑的花招后又愤然离去。褒姒看到平日威仪赫赫的诸侯们手足无措的样子，终于开心一笑。五年后西夷犬戎大举攻周，幽王烽火再燃而诸侯未到——谁也不愿再上第二次当了，结果幽王被逼自刎而褒姒也被俘虏。

一个"立木取信"，一诺千金；一个帝王无信，戏玩"狼来了"的游戏。结果前者变法成功，国强势壮；后者自取其辱，身死国亡。可见，"信"对一个国家的兴衰存亡起着非常重要的作用。

其次，答应孩子的事情一定要信守承诺，如果再三努力之后仍然无法兑现，就诚恳地向孩子说明情况并表达歉意，争取以后能够弥补。同时也要多多鼓励孩子做到诚实守信，并且为孩子的诚实守信点赞，起到正面强化的作用。如果有爽约的情况，爽约的次数一定要少于兑现承诺的次数。如果爽约的次数过多，那么即使诚恳道歉，孩子仍然会认为父母只是说说而已，并不是真心实意的，会严重影响父母在孩子心目中的形象，并且养出只说不做的不良习惯。

还有一种情况，就是父母说的话太多了，道德经第六十三章讲，轻诺必寡信，轻易许诺，势必缺少信用，把事情看得越容易，势必会遇到越多的困难。我们都有这样的感受，当别人拒绝我们的某种要求时，我们心里虽不舒服，但也能谅解，因为别人也有别人的难处，如果有人已经答应了我们的要求，事后却无故失信，我们会非常生气，因此，我们不要轻易允诺，一旦允诺，就一定要做到，父母教育子女更是如此。

总之，教育无他，爱与榜样。作为孩子生活及学习的启蒙者，父母的榜样在先，孩子的学习在后，只要我们以身作则，正确引导孩子的行为，营造民主、宽容、和谐的家庭氛围，我们的社会将会是一个诚信友善的社会，我们的孩子也会成长为一个个有担当、重承诺的优秀人才。

家庭教育故事：诚信陪伴，用心浇灌

诚实守信是中华民族的传统美德，家长的诚信陪伴对孩子至关重要，所以我们要做诚信家长，正确引导孩子。

2020年的春节对有些家庭是非同寻常的，亲友间不再像往年那样走亲串户、频频聚会。我们一家也想足不出户、居家过年，家里储备的食物不足，经过商量让孩子父亲出去采购一些。3岁多的儿子一听爸爸要出门，十分开心，吵着要跟爸爸去超市买好吃的。

可是年纪这么小的孩子免疫力低，容易感染病毒，小家伙还不愿意戴口罩，我是坚决不放心他出门的。因为我拒绝了他的要求，他难过得伤心大哭。这时，孩子爸爸说："宝贝，你听话和妈妈就在家玩，外面有危险的病毒，爸爸给你买你喜欢的汪汪队玩具，好吗？"儿子一听有他最喜欢的玩具，停止了哭泣。

过了许久，爸爸回来了，儿子高兴地跑过去找寻他最喜欢的玩具，结果翻到最后，也没有发现他最喜欢的汪汪队玩具，他哇的一声大哭起来。爸爸忽然惊慌失措，一下想起来忘记买玩具了，爸爸立马把孩子抱起来，试图跟他解释原因，孩子根本不听，因为在孩子看来，他的爸爸失信了。

孩子四岁了，在家里总是饭来张口，衣来伸手，为了培养他独立的习惯，我告诉儿子自己的事情要自己做，不要总是依赖别人。所以，当有一次我下班回家后，儿子跑过来告诉我，他自己吃完了晚饭，我很高兴，答应要奖励他。可孩子爸爸悄悄告诉我他的饭并没有吃完，还剩了一点倒掉了。虽然是一件很小的事情，但是孩子为了得到我的奖励，说谎了，我为了能够让儿子认识到说谎是错误的，所以很严厉地批评了儿子，告诉他不能说谎，自己说的话就要记住，并且要兑现承诺。可是，儿子马上反驳道："爸爸答应给我买的玩具都没买呀！"瞬间，儿子的话让我哑口无言，一时间竟答不上来，孩子爸爸在一旁也吃惊地望着我。

事后，我想了很久，也与孩子爸爸讨论了这两件事情，他表示很后悔，以为他的"遗忘"只是一件很小的事情，却没想到对孩子影响这么大。

我认为，主要原因是：

1. 家长自身未做到诚信，"助长"孩子不诚信

每个孩子刚出生时都是纯洁无瑕的，在他所生活的环境中，他的父母给他什么样的教育，他就会成长成什么样的人。孩子如同一面镜子，从这面镜子中可以很清楚地看到自己，就如看到自己的父母一般。所以孩子如果没有好的榜样，就没有办法形成良好的诚信品格。

2. 家长教育方法不当，"硬逼"孩子不诚信

孩子尚小，如果做错事父母应如何应对呢？例如，小列宁打破花瓶的故事，虽然他的母亲知道是他打碎的，但没有马上批评他，而是讲给他听一些诚实守信的美德故事，让他认识到自己的问题，从而主动承认错误。从这里能够看出家长在面对孩子说谎时的态度是很关键的，是循循善诱，还是简单粗暴？对孩子产生的影响是不一样的。

3. 家长重智轻德，"纵容"孩子不诚信

当下很多家长都非常重视孩子的学习成绩，却忽略了孩子的品格教育，尤其是在义务教育阶段尤为严重，重智轻德的现象会导致儿童道德素质低下。几乎没有家长想过是否需要给孩子和自己报个"道德补习班"，没有认识到道德缺失带来的危害。

分析了原因后，我认为要建设"诚信家庭"，家长应做到以下几点：

1. 依法而教——树威信

我们应该要不断学习正确的教育方法，不是威逼利诱，不是粗暴打骂，要循循善诱，耐心引导，要让孩子从内心真正地信服自己，首先父母自己要诚实守信，不能失信于人，当孩子出现问题，我们教育孩子时，要有理有据，使孩子认识到自己的错误，并愿意虚心改正，这种教育方式既使家长树立了威信，也会让孩子养成诚信的品格。

2. 言传身教——树榜样

父母的一言一行、一举一动都会影响着孩子，犹如复制和粘贴。

所以，我们家长想要孩子诚信，那么我们自己就必须诚信，只有父母言行一致，才能为孩子树立好的榜样。同时，我们还必须做到平等对待，我们必须承认父母也会出现错误，所以，当我们做错事情时，要勇于接受家人或者孩子批评，要给孩子树立好榜样。

作者：高田

点评：家长的行动对孩子来说是无声的语言、有形的榜样。作者通过两个小故事引发反思，分析了孩子不诚信的原因，总结家庭教育中家长做到诚信的方法。本文在实践的基础上，结合实际，对在家庭教育中如何做到诚信进行了分析，提出了意见和想法。家长们平时要注意自己的行为，诚实守信，当好孩子的榜样。

随着社会的发展和进步，家庭教育中家长的诚信面临更多的挑战，家长也需要加大对诚信的关注和支持，积极构建和谐亲子关系。这需要全体家长共同努力，建设诚信家庭氛围，共建和谐社会，促进诚信文化的传承，也为培养有诚信、守信、守法的下一代做出更多贡献。（点评人：烟台市福山区东华小学　张风艳）

家庭教育故事：诚信为灯，引路前行

诚信，是中华民族的传统美德，也是每个人必备的道德品质。在当今社会，诚信显得尤为重要，它不仅是人与人之间真实交往的基础，更是衡量一个人品德的重要标准。

诚信，是诚实无欺，信守诺言，言行相符，表里如一。诚信是做人的基石。答应了别人的事，能认真履行诺言，说到做到。"诚信"这个词说起来简单但实现起来却十分困难。一个没有诚信的人，难以在社会上立足。

记得孩子上二年级的一个周五的晚上，一位朋友打电话让我帮忙设计一款模具图纸，我想了想觉得周末两天可以轻松完成，就许诺周一之前给他。然而周六一大早接到孩子奶奶电话：孩子爷爷身体感觉不太好，需要马上去医院。我穿戴整齐就往老家赶，带着孩子爷爷去做各种检查，直到周日下午才将孩子爷爷安顿好，晚上7点左右赶回了家。简单洗了把脸，吃了口饭，正想躺着休息会。这时孩子走过来说："爸爸，你不是答应了靳叔叔给他画图纸吗？"我说："谢谢你，婧涵，我这两天都忙糊涂了。"然后打开电脑，按照朋友的要求设计模具图纸，凌晨1点图纸完成，打包给朋友发了邮件就去睡觉了。早上醒来，孩子问我："爸爸，画完图几点了？"我说："大概1点左右"。孩子说："爸爸，你可以今天再画，晚一天也不会有啥影响吧？"我说："话不能这么说，答应了别人的事就一定要做到，如果做不到，一开始就得跟别人明说。"孩子听了后默默不语。

在日常生活中，有时候父母为了诱导孩子做某件事，总是轻易地许诺孩子某些条件，但是事后却没有兑现。孩子的希望落空后，就会发现父母在欺骗自己，他就会从父母身上得到一些经验，那就是不守信的许诺是允许的，大人的言行也经常是不一致的，说谎是允许的，等等。一旦这些经验转化为孩子说谎的行为时，父母恐怕要后悔莫及了。

我们在孩子一年级的时候就制定了奖惩规矩，比如说考试满分可以得到2个积分，扫地拖地、洗碗可以得到1个积分等，积分可以兑换玩具、宠物。有一次带着孩子逛夜市的时候，孩子看鹦鹉看对了眼，就问我换鹦鹉需要多少积分？我问了问摊主鹦鹉怎么卖？摊主说100元两只带笼子。然后我告诉孩子，需要100积分。后来，孩子通过一个学期的努力攒够了100积分，我立即就领着孩子去买了鹦鹉。孩子高兴了好久，鹦鹉的喂食、换水都是他自己独立完成。尝到了甜头后，又通过努力换到了各种毛绒玩具、自行车等心仪的物品。

所以，在日常生活当中父母一定要以身作则，承诺孩子的各种事务也一定要及时兑现，以免孩子对父母产生不信任感，为了让孩子有一个好的诚信意识，当孩子出现错误时要及时地纠正，尽可能避免在错误的路上越走越远，影响以后社交或者影响生活的各个方面，而且没有诚信意识，将来也会失去更多朋友或者工作，等等。

在孩子三年级的一个周六，我跟孩子妈妈商量着去南山公园。吃早饭时，我把想法说了出来，孩子听后非常高兴，说要去坐船、钓鱼、逛动物园。刚刚吃了两口饭，孩子就慢吞吞地说，今天去不了南山公园了。因为今天约了同学一起跳大绳。我说："既然答应了同学，就跳大绳吧，公园下个周去。"当天孩子玩得很开心，小伙伴们相处得很融洽。下个周我们也是如约去了公园，想玩的项目都玩了个遍。

在孩子的成长过程中，我们自身要做到诚信，要给予孩子足够的信任和空间，让他们在实践中不断锻炼和成长。诚信不仅是一种道德要求，更是一种责任和担当。家长具备了诚信的品质，才能赢得孩子的信任和尊重，孩子具备了诚信的品质，才能在未来的生活和工作中获得更多的机会和成功。

古时候有曾子杀猪，不欺骗孩子，用行动教育孩子要言而有信，诚实待人。家长的一言一行都会影响到孩子的成长，所以我们要以身作则，做到言行一致，成为孩子诚信的榜样。

在家庭教育中，我们要引导孩子树立正确的价值观，让他们从小养成良好的品质。《论语》中讲："人而无信，不知其可也。大车无輗，小车无軏，其何以行之哉？"一个人如果不讲诚信，他是很难做成其他事情的。

诚信就是百花园中最美丽的那朵鲜花，是月夜群星中最闪亮的那颗明星，是热带雨林中最挺拔的那棵参天大树。家庭中拥有诚信，便是拥有了良好的亲子关系，拥有了玫瑰一般沁人心脾的芬芳。

作者：赵卿顺

点评：诚信是家长进行家庭教育必须具备的品质。对孩子要做到诚实守信，讲真话、讲实话，言必行、行必果。本文作者通过三个诚信的小故事，让我们知道家长诚信的重要性。家长自身要诚实守信、言行一致，这样才能教育出诚信的孩子，家长诚信才能建立起与孩子间的信任感，赢得孩子的尊重。

作者通过回忆、引用等方式展示了实现诚信的具体做法，以及孩子对家长诚信的反应。家长通过家庭规则的制定等方式，与孩子一同从实践中体会诚信的意义。在家庭中，家长需要善于抓住教育机会，选择合适的方法与策略，不仅自身做到诚信也引导孩子诚信。诚信家庭不仅是一种道德传承，更是一种责任和担当，对孩子的未来发展意义重大。（点评人：烟台市福山区东华小学　张风艳）

第七讲　耐　心

一位母亲问她五岁的儿子：如果妈妈和你一起出去玩，我们渴了又没带水，而你的小书包里恰巧有两个苹果，你会怎么做呢？儿子歪着脑袋想了会儿，说：我会把两个苹果都咬一口。母亲听了，很失望，本想训斥一番，然后再教孩子该怎样做，可就在话即将说出口的那一刻，她突然改变了主意。母亲摸了摸儿子的小脸，温柔地问道：能告诉妈妈，你为什么要这样做吗？儿子眨眨眼睛，一脸的童真：因为……因为我想先尝一尝，然后把最甜的一个留给妈妈！

这个故事带给我们怎样的思索呢？试想，如果这位妈妈不给孩子表述的机会，就失去了一次了解事情真相的机会，更重要的是伤害了孩子那颗纯真的金子般的心。很多时候，不良的亲子关系是父母用自己的思维，强行取代了孩子的想法，因此，教育需要耐心等待。我很喜欢《牵着蜗牛去散步》这首诗，所以，应放慢脚步，多一点耐心，和孩子一起成长。

教育孩子是每位家长最重要的工作之一。然而，养育一个孩子不是一件容易的事情，需要家长付出巨大的精力、时间、耐心和爱。其中，耐心是最重要的品质之一，耐心是人们在对事物进行认识的过程中所表现出来的个性心理特征，它是性格中的一种潜在力量，也是信心的持久和延续，是决心和毅力的外在表现。通俗讲就是耐得住性子，不急躁，遇事总能很淡定。没有耐心，很难教育好一个孩子。

一、父母具备耐心的意义

耐心是一种品质，具有重要的意义。首先，耐心让我们更加容易掌控自己的情绪。人的情绪在很多时候难以控制，特别是在面对儿童的时候。如果在孩子受到惩罚或者指责时表现激动或不耐烦，就会让孩子感到恐惧和不安。而有耐心的家长可以更好地控制自己的情绪，更加冷静地对待孩子的教育问题。

耐心能让我们更好地理解他人。耐心可以使我们愿意花时间去倾听和了解别人。当我们与他人沟通时，如果缺乏耐心，会很难理解他人的想法和需求。而耐心使我们更加主动地探寻对方的内心世界，了解他们需要什么，并寻找合适的方式交流沟通。

耐心能够帮助我们更加专注和认真地完成任务。耐心可以帮助我们抵御暂时的困难和阻力，克服挫折，继续努力走向目标。这种顽强的毅力和坚忍的精神是非常重要的，不仅可以帮助我们实现目标，也能让我们在人际交往中表现出更加稳健和自信的态度。

一位妈妈说过这样一件小事：周六一家人准备开车出去散散心，出门前，她就像陀螺一样，一边匆匆忙忙地准备东西，一边急吼吼地催促着孩子。这时，上一年级的女儿对她说："你干吗老是这么着急啊？我们出去玩，可你看起来一点儿也不高兴。"听了这话，妈妈如大梦初醒一般。孩子的话提醒了她，她似乎总是在催促着一家人，很少耐心地等待着，有时甚至还带着不满的情绪。对孩子有耐心，成为很多家庭的奢侈品。在现代生活中，每个人的生活压力都很大，尤其是年轻的家长们。忙工作，忙家庭琐事，忙着照顾年幼的孩子，而孩子总像"试探"底线一般，让我们渐渐失去"好脾气"：当你忙得焦头烂额，扭头看见被洒了一地的牛奶；当你急着出门，孩子还在慢腾腾地穿衣系鞋；当你对孩子抱着殷切希望，他却拿回来不及格的试卷……这些瞬间，都很容易让我们歇斯底里。养育一个孩子，是对耐心最大的考验。但教育，怕就怕父母没有耐心。

没有耐心，就没有好的亲子关系。

曾经有一位妈妈跟我说："我对我身边的朋友、同事都很有耐心，不知道为什么在儿子面前就忍不住会凶他、骂他。"有天晚上，她刚拖完地，回到客厅发现5岁的儿子又把画画的颜料打翻到了地板上。看着刚拖完的地又要重新打扫，她冲着孩子愤怒地吼了起来："烦死了，你说你有什么用！"孩子在那站着不动，显然被妈妈的吼声吓到了，没过几秒，哇地哭了起来。看着孩子满是恐惧的眼神，她又充满后悔。

类似这种情况出现过很多次，她知道这样对孩子不好，但是就是改不过来。渐渐地，孩子特别怕她，亲子之间就有了一道鸿沟。

没有耐心的父母，只要孩子犯点错、闯点祸，马上就能引来一顿批评，他们很少过问事情的来龙去脉，在这样的父母身边，孩子往往战战兢兢、如履薄冰。像这样的情况，与其说孩子太难带，不如说父母的本身压力和痛苦太多，才会在孩子不配合时轻而易举地爆发。换句话说，明明是我们没耐心，却总是责怪孩子不听话。孩子总是能敏锐地感知到大人的情绪变化，长期生活在家庭这个环境里的孩子，会感受到强烈的"被拒绝感"，这种感受迫使孩子更加消极地面对亲子沟通。不知不觉中，伤害了你们跟孩子之间的亲密关系，在无形中，把孩子推得越来越远。

没有耐心，容易破坏孩子的成长节奏。

孩子到了三四岁的时候，喜欢没完没了问大人"为什么"，有时候一次能连续问10多个问题。很多父母在孩子问题的连环"攻击"下，耐心就慢慢磨没了。有这样一个故事：一个孩子举着一只蜗牛对妈妈说："妈妈，蜗牛为什么背着重重的壳还能走路啊？"妈妈："脏死了，你快点扔掉！"孩子一脸失望地放下蜗牛，妈妈赶紧帮他擦了擦手，又听见孩子问："妈妈，为什么蜗牛总是在下雨天出来呀？"妈妈还在生气："你管它什么时候出来，再乱碰它，它会咬你！"孩子一听，撇着嘴，不再问了。大人的没有耐心，破坏了孩子的可贵童心。在孩子成长的过程中，好奇心和探索欲是难能可贵的，这证明他们开始自己探索发现身边的世界。

可惜的是，如今大人的脚步都放得很快，看不惯孩子的磨蹭，忍不住不停地催促、提醒。事实上，培养一个优秀的孩子，不可能一蹴而就，这是一个细水长流、润物无声的大工程，需要父母用耐心去浇灌。

记得有一次在游泳池边上看到一位妈妈带孩子游泳，孩子很害怕，在岸上紧紧抱着游泳圈，不敢下水，妈妈就站在他的身边，又是骂又是催："快点下去，你做什么事都这么慢！你看你旁边的小朋友！"说完，还不耐烦地推了孩子一把。泳池边，这个瑟瑟发抖的小孩子，特别令人心疼。

每一个生命的发展都有自己的成长规律、成长节奏、发展速度，个体的差异导致不同孩子在面对同一件事时的反应、处理方式都不一样，这是很正常的，可怕的是，家长忽视孩子自身节奏，粗暴地打断他，对孩子来说，最后都有可能成为一种无形的伤害。

孩子就像花儿，每一朵花的绽放，都离不开默默耕耘，而耕耘，必然离不开耐心。比如培养孩子的表达能力需要耐心。不是所有的孩子都是自来熟，见到陌生人，你要给他时间慢慢熟悉，而不是劈头盖脸地骂他不懂事。培养孩子的自理能力需要耐心。你要给他时间摸索出自己的方法，而不是直接告诉他方法，或者替他做。保护孩子的好奇心需要耐心。小孩子对身边的一切都是那么好奇，能耐心等着他观察、发现，不去打扰，难能可贵。

孩子的成长需要耐心地等待，来不得半点儿急功近利。尊重孩子的节奏，允许孩子"慢慢来"，考验的是父母对孩子的信心。请多一点耐心，毕竟孩子的世界比大人的慢得多。

父母的耐心在孩子的健康成长中意义非凡，这里只谈其中的四个方面：首先，耐心能保护并激发孩子浓厚的兴趣和旺盛的求知欲，有利于其健全人格的形成。第二，耐心可以呵护孩子的表达欲，温暖孩子的内心，有利于其提升自我价值感和自信心。第三，耐心能更好地共情和接纳，从而有效化解孩子的负面情绪，有利于其身心健康成长。面对孩子的情绪，父母首先要共情、倾听、理解，接纳孩子的情绪。当孩子感受到父母愿意理解自己的感受时，就增强了安全感，心情就会慢慢平静下来。第四，耐心能更科学合理地管理、激发、提醒孩子，有利于其养成良好的学习和生活习惯。

当然，缺乏耐心也是人之本性，对孩子缺乏耐心更是难免现象，父母也不必过于苛求。

二、怎样做有耐心的父母

要想教育孩子，首先需要掌握耐心这种品质。那么，如何培养耐心呢？

1. 按部就班。不要过多担心未来的困难和挫折，而是把注意力集中在当下，慢慢积累耐心和毅力。不要过于焦虑，而是让自己按照既定计划逐渐实现目标。

2. 放松身心。要培养耐心，必须让自己保持冷静、放松和轻松的状态。如果身体和心理处于紧张状态，就会让人更加焦虑和不安。所以要注重休息和放松。

3. 读书。读书能够帮助我们更好地理解他人，提高自己的情商和智商，培养耐心和包容心。这是一种非常重要的学习方式，可以帮助我们在日常的教育活动中更好地应对挑战。

4. 保持冷静。人在一些情况下会情绪激动，一旦情绪失去控制，就很难保持耐心。所以，在面对挫折和困难的时候，要尽量保持冷静，沉着地处理问题。

总之，耐心是一种非常重要的品质，可以帮助我们教育好孩子，建立良好的家庭氛围，并培养自己的自信和坚忍精神。

家庭教育中最关键的两个"心"，一个是爱心，一个是耐心。几乎所有的父母都有爱心，虽然爱的方式各有不同，对孩子都有一份全然的爱！但很多的父母耐心不足，倾听时不够耐心，陪伴时不够耐心，辅导功课时不够耐心。如果耐心不够，遇到孩子的"问题"，父母可能会有更多的烦躁和焦虑。如果家庭中有了一个焦虑的妈妈、一个缺位的爸爸，孩子很可能会成为父母眼里不听话的孩子、叛逆的孩子、磨蹭的孩子。

那么，作为父母，怎样做到有足够的耐心呢？

第一，耐心等待孩子。其实耐心是一种正念，是智慧的一种形式。应明白事物只能如蝴蝶般以其自身速度破茧而出，是无法加速的。作为父母要看透孩子的成长规律并遵循，不可以揠苗助长，应该以平和的态度面对养育孩子过程中出现的压力或不良情绪，用耐心接纳。

第二，耐心倾听孩子。善于倾听，是亲子沟通的基础。虽然父母出于本能地时不时关注自己的孩子，但父母也会听到诸如"爸爸，你没在听"或"妈妈，已经跟你讲了很多次"。每当孩子表现出疲惫和无助，或是向父母抱怨时，大多数的父母会简单安慰两句后，就将孩子发出的求救信号抛诸脑后。更有甚者，会认为孩子是在为偷懒找借口，他们会用一顿教训来强行关上孩子本想打开的心门。慢慢地，孩子对父母失去了信赖，有心事不愿意和父母说，闷在心中，日久天长，潜藏下抑郁的种子。

第三，耐心陪伴孩子。用心陪伴，才会让孩子不孤单、感受到真正的爱。我常常在亲子游乐园中看到孩子在玩，爸爸妈妈在一旁陪伴时，十个有六七个是在旁边看手机，并没有真正关注和陪伴孩子，父母需要给孩子有价值的陪伴。

第四，耐心接纳孩子。完全接纳，才会培养出孩子的独立、自信。

当孩子慢腾腾地穿衣服、系鞋带时，家长如果耐心不足，一边说"怎么这么慢"一边代劳，慢慢就帮掉了孩子的独立性；当孩子汇报考试成绩不好时，家长如果耐心不足，来一顿责骂，渐渐就骂掉了孩子的自信心。

亲爱的父母们，请你们用耐心去真诚地呵护孩子的兴趣和好奇心，用耐心真诚地满足孩子的表达欲，用耐心去接纳孩子的各种情绪，用耐心去帮助孩子养成良好的习惯。在真诚陪伴孩子的每一个日子里，用爱温暖岁月，丰盈灵魂，让生命在岁月里饱满。

时光静美，让孩子在父母的从容里慢慢成长。

家庭教育故事：我的第二次童年

我始终都相信，我的孩子是一个优秀的孩子。这样的相信，来自我的本能。

在对孩子胎教期间，我就熟读《蒙氏教育》并进行了科学育子准备，孩子整个婴幼儿时期我也是百分百陪伴，让他有了"安全"底色。尽管幼儿园时的他常被老师称之为"带头调皮捣蛋"的小朋友，但机灵的他在妈妈看来是"领导能力不错"。

然而，这种"看来"，在他的小学初期被"打击"了。在一年级到三年级的第一学期，儿子虽然成绩一般，但很努力。第二个学期，我工作时间日渐增多，无暇兼顾孩子，每周都在外地出差，对孩子失去耐心，答应孩子的事情也因为工作忙而变得遥遥无期，连续几天没有联系，孩子慢慢地习惯了爸爸妈妈都不在身边的生活。这也直接导致孩子学习成绩下降，在学校跟同学的争执也出现了不少，还开始跟老师和老人撒起了谎。

当老师找到我跟我聊孩子近期翻天覆地的改变时，我因为工作奔劳的辛苦更加火大地教训了孩子。短短的一个月我就动手打了孩子3次，那时，我觉得我的天要塌了，工作的身心疲惫，孩子教育的无从下手，让我整个人都要崩溃了。每次痛打孩子之后，就是我不停地对孩子父亲的指责，和对孩子的谩骂，多么难听的话我都毫不保留地叫嚷给孩子听，完全不顾这是他成长中最需要父母陪伴、倾听、理解、引导、支持的时刻。

安静下来，我反思自己，不能这样了。

我开始寻求身边朋友的帮助，我开始看教育专业的育儿书，《爱的教育》《父母的格局》《把话说到孩子心里去》《陪孩子走过小学六年》《聪明却孤单的孩子》，看着书中的事例，再想想我在生活中的行为和言语，其实一直在成长的是孩子，一直没有成长的是我。

在这个不断变化的社会里，孩子遇到的事情已经都不是曾经少年的我们遇到的事情了，我们凭着曾经的经验去对待，用着已经固化的成年人的思维去判断，甚至夹杂着来自家庭和其他环境的压力去面对孩子、教育孩子，是多么的不正确和不应该。

我开始选择"陪伴"。孩子上了四年级以来，我将工作换到了不出差的项目中，我每天能回家跟孩子吃饭，听他绘声绘色地讲在学校发生的事情。在听完他今天的疑惑和选择后，鼓励他按照自己的想法去试一试。每周我会有一天跟孩子一起学习的时间，他写作业，我写日记，写工作的汇总。每个周五晚上我们会一起进行周六日学习、游玩的时间规划。每个月我们会有一个下午茶时间，一起看一本书或者看一部电影，在结束之后两人会进行角色扮演，或者观后感的讨论，甚至遇到好听的电影插曲，孩子会在手机上找到谱子用钢琴亲手弹奏。

孩子每次都全身心地投入到这些愉快的亲子事情上，并且对下一次的安排充满了期待。每个周末孩子在睡前会跟我笑眯眯地说，今天最开心的事是什么，哪个时刻让他印象深刻。在他的作文本上，我们在一起的很多精彩瞬间都被他声文并茂地描绘下来。我能感受到孩子在这每一刻的真心和开心。

四年级这一学期将要结束，各科老师，都在兴高采烈地跟我聊孩子的成绩，每一科每一天都在进步。上课时积极回答问题，下课课间安静学习，满满的都是鼓励和赞同的声音。

现在，孩子每天上学的路上都会跟我说今天科目已经预习到哪些内容，今天听写的话也都练习好了。每一天孩子都是信心满满地背着书包走进学校。望着孩子的背影，那个曾经被我谩骂和鞭打的孩子已经不见了。

此时回想起之前那些阴暗日子，原来是我一直没有成长，我童年时挨打的画面一直影响着我，使我对于孩子的事情简单粗暴地处理；我童年在学习上的无助和笨拙，让我对孩子学习缺少引导而总是提过高要求；我童年时在生活上的疾苦，让我对与孩子的共同生活得到满足后又时常有自我挫败感。

其实孩子的成长更让我看清了现在的自己，一位不断自我成长，有目标、有方法、有行动的家长其实才是孩子最好的榜样。现在的我，没有事事亲力亲为，而是耐心地倾听他的选择，等他自己慢慢地走上自己规划好的路线。现在的我，遇到孩子做得不好的事情我不再谩骂指责，而是告诉他这都是成长的代价，经历过，长记性，下次遇到时就知道该怎样做了。现在的我，对于孩子的成绩，不再执着于是不是90分以上，而是鼓励他每一次的进步，哪怕只有一分。现在的我，给孩子整理错题的时间，一起弄懂不明白的知识点，而不是一味地做卷子刷题，揪着错误不放过。

现在的我，能心平气和地在孩子的身边等待他慢慢地成长，能满心温暖地陪伴在他不够安心的每一个时段，能耐心引导他找不到方向的任何事情，能跟他一起探索他感兴趣的未知事情。

现在的我，仿佛刚从自己的少年时期走过来，也重新养育了自己。我感谢我的孩子给我第二次童年的机会；我感谢我的孩子能再一次信任我；我感谢我的孩子让我总能感受到生活的温暖和生命的惊喜。

你好，我的第二次童年，幸福且满足。

作者：宋甜甜

点评：这篇教育故事为我们讲述了一个母亲在孩子教育过程中的反思和成长。从最初相信孩子的优秀，到面对孩子出现问题时的无助和挫败，再到后来通过自我反思和学习，逐渐找到了正确的教育方法。这个过程充满了挑战和困难，但也让母亲有了更多的收获和成长。

文章中提到的许多细节和经历都非常感人，比如作者陪伴孩子一起规划时间、一起看电影、一起讨论观后感，等等。这些看似简单的行为，却让孩子感受到了母亲的关爱和支持，也让孩子更加自信和快乐。

作为家长，我们不应该只是单纯地要求孩子成长和进步，而是应该与孩子一起成长和进步。只有这样，我们才能真正成为孩子最好的榜样和引导者，也才能让孩子在成长的道路上更加顺利和幸福。（点评人：烟台市福山区西关小学　蔡妍丽）

家庭教育故事：长长的路，我们慢慢走

等一朵花开，需要更多的陪伴和耐心。

——题记

相信每一位家长在教育这条路上都或多或少有焦虑与挫败之感，尤其青春期的孩子总有林林总总的问题与成长转变让我们不知所措又无可奈何，回顾我走过的十几年育儿之路更是感慨万千。如果你问我最大的感触是什么，我一定会不假思索地告诉你——陪伴+耐心。

曾几何时，在与孩子相处时常常剑拔弩张，空气中充满着浓烈的火药味，我慢慢察觉到作为妈妈，我自身似乎也有一些问题，比如越来越容易着急，动不动就发脾气，在孩子面前发牢骚……这或许就是现在流行的"焦虑"？

也渐渐察觉：周边的人也开始焦虑起来了，而走在焦虑最尖端的，不是公司高管，不是身处求职洪流中的青年……而是当代父母与被他们拖拽在"起跑线"上的孩子。所有的话题开始膨胀，开始聚集，像一根根刺，刺破孩子的笑脸，将我们与孩子的心撕开一道道裂口……

还记得，那又是一个剑拔弩张的下午。我正在洗衣服，孩子写完作业跑过来，倚在门边，看着她放松的状态我就急了，"你这写完作业就没事干了是吧，就在这儿干站着，天天没个上进心能行？这么大的人了还要家长天天督促，家长能陪你……"我一看，人没影了。我脑袋一热，也顾不上手上的泡沫，就冲进她的房间，孩子正在书桌前埋着头，"学习还用我督促吗？我和你爸一天天这么辛苦为了谁，你也看不见，也不知道！""那你就有真正地理解过我吗，你有真正考虑过我的感受吗……"她后面说了什么我已经听不见了，只看着孩子在我面前嘶吼着，颤抖着……那晚破天荒的很早躺下，翻来覆去，一阵懊悔，我没有耐心了解孩子的需求，也许孩子是心疼我想过来陪陪我、帮帮我呢？也许孩子是想来和我分享她学习的喜怒哀乐呢？唉，要是换一种方式，与孩子聊会儿天结果一定不一样了吧。

那晚我终于明白：终究是我，用自己的焦虑把孩子推得越来越远。

仔细想想，孩子的生命中难道只有学习吗？难道她只知道学习，我才

会满意吗？难道她就没有做得好的地方吗？我们是不是在无形中打着爱的名号将孩子自由的灵魂锁在一个个期盼里、一份份挫败感里了呢？同样，我们是不是也把一道道枷锁套在了自己的身上呢？

其实呀，那把钥匙就在我们手中，只是我们要先改变自己。

请用心关爱你的孩子，不要帮她忧虑未来。如果你做了妈妈，爱她、信任她、引领她。至于未来，交给她自己。扎心地说一句，依我们现在的认知，根本没有能力帮孩子规划未来。与其传递蔓延焦虑，不如教会她一些立身社会的优秀品质，譬如，强大、自信、勤奋、积极。所以，聚焦自身成长，用言传身教为孩子树立榜样就好啦。时刻记得，孩子与妈妈之间最好的亲子关系就是：你在长大，我在成长。

于是，我开始慢慢改变。

在孩子学习成绩不理想时，我不再指责与批评，而是慢下来，坐下来，先耐心肯定她做得好的地方，再与孩子一步步分析有待提高的地方；在孩子学累的时候，我不再抱怨和催促，而是坐在一旁陪她聊聊天或者允许她用自己喜欢的方式去笑、去闹、去放松……

前段时间，有天晚上十一点多了，我看见孩子房间里的灯还亮着，想着她可能又忘了关灯，就轻轻打开门想去给她关灯，结果门一开就看见孩子趴在床上看书，一看见我进来她马上把书收到被子里，急吼吼地说我不知道敲门。看着她恼羞成怒的样子我马上猜到她在看课外书，而且可能是平时我们不让她看的书，火一下子就冲上了心口，我想马上冲到她面前把书夺过来摔到地上，但结果会是怎样呢？大吵一架？摔门而出？想到这里，我冷静了三秒，尽量温和地说道："妈妈知道你学习很辛苦，以为你累得睡着了，想悄悄帮你关灯，没想到你还在努力看书，太晚了，明天再看吧。"大概没有想到我会是这样的反应，孩子明显愣了一下，有些意外地点了点头，我随即走出了房间还帮她带上了门。在门口静静地站了不到三分钟，她房间里的灯就关掉了。

这件事我没有再提，后面几天我特意留意了她的房间，没有再出现这种情况，但我也担心她会因为在家无法看课外书再跑到学校去看，于是我悄悄去书店买了两本她之前想要看的课外书，到了周末，我郑重地送到她的房间，看着孩子一脸震惊的样子，我温和地说道："今天妈妈从书店经过，想起你之前喜欢这两本书，读书是好事情啊，我也买了两本，以后咱俩可以做伴读书，还能一起分享读书感悟。"孩子摩挲着书皮，不可置信地看着我，我摸摸她的头，笑着说："以后你有喜欢的书就告诉我，只要是符合你的年龄的，咱们就一起在家看。"仿佛过了许久，我听到孩子快乐地说："妈，你不会偷偷听了什么心理大师课吧，怎么变得这么好啊！我以后和你一起看书哈。"

我轻笑不语，我知道那扇心门正在缓缓打开……

近段时间，我更多的是耐心地等待。考试成绩不理想，我不再一味地埋怨、指责，学着坐下来，和孩子一起分析成绩，做得好的地方我及时肯定，做得不好的地方我们就及时更正；孩子写作业到很晚时，我不再催促和唠叨，而是静下心来，坐在她身旁，看几篇她喜欢的文章……经过这段时间的耐心陪伴，我们家很长时间没有鸡飞狗跳过了，家里的空气也没有火药味了，甚至有时候作业完成得快，我们都可以一起读一会儿书或者下楼跳跳绳、散散步、说说话。甚至好像只是在她身旁坐着，就一盏灯、两个人，各忙各的事，就极舒心……

分享最近很有感触的一句话：爱人如养花。那孩子们何尝不是我们终其一生去用心栽培的一株植物呢？自从我们从上天手中接过这颗嫩绿的种子，我们就应该多耐心、多理解、多支持、多赏识，而不是去想他们将来是参天大树还是默默无闻的小草花儿，去想他们何时开花，能否结出甜蜜的果实。我们爱他们，无论他的花是芳香还是无味，也无论他的果是甜蜜或是酸涩。我们爱他们，只是因为他们是我们的孩子。

请允许孩子是朵晚成的花，也允许自己的不完美与生活的所有不如意；也请将"耐心""陪伴"牢记心间，紧握这两把钥匙，去孩子的世界里走一走，去释怀，去等待……

耐心地等待每一个孩子，让他们感觉到被爱与理解；陪伴每一个孩子的成长，让他们知道被重视和期待。成长的过程美好，结局才会美丽。

希望天下的孩子都能拥有这个年龄该有的自由烂漫与洒脱，不被世俗定义做自己，也希望所有在育儿路上辛苦奔波的我们能真正关心孩子、接纳孩子，爱孩子，也爱我们自己。

花期不远，静待花开。

作者：刘丽霞

点评：耐心的持续性及影响在家庭教育过程中具有重要的意义。本文通过家长对孩子的态度的转变，说明了耐心的重要性。家长需要在日常生活中不断地保持耐心，不断地给予孩子关爱和支持，这样才能构建起稳固的亲子关系和成长环境。耐心的持续性体现在家长在教育过程中的坚持和不懈努力，需要做到始终如一地给予孩子关爱、理解和支持。家长需要有规律地对孩子进行教育引导和关怀。当孩子在温暖的家庭环境中得到耐心的教育和关怀时，他们会感受到家长的爱和支持，从而更加愿意与家长展开真诚的交流和分享。这种亲子关系不仅有助于孩子的成长和发展，更能够让家庭的温馨与和谐得到更好的保障。得到耐心陪伴的孩子会更加懂得关心和爱护家人。耐心是一种传承，它不仅影响到我们当下的家庭生活，更将影响到我们子女未来的发展和社会的和谐。只有通过持续的耐心教育和关爱，才能让孩子得到更好的成长，让家庭和社会更加和谐与美好。

（点评人：烟台市福山区东华小学　张风艳）

家庭教育故事：与耐心同行

人生路上，多一分耐心，多一份坚持，就多一份前进的力量。

——题记

小时候，我跟外婆在农村生活，是外婆把我一手带大的。在我的记忆中，外婆是手不离鞋底的。外婆说纳鞋是老一辈最重要的手艺之一，临行密密缝，意恐迟迟归，一针一线，层层相叠，这就是千层底的由来，做工复杂，工序繁缛，是老祖宗流传下来的手艺。也是多少农村人难以割舍的情愫。在乡下，除了农忙时，闲下来的时间，哪怕是在聊天，村妇们的手中都会拿着鞋底，边聊边纳。外婆就是这样，每天见缝插针地纳鞋底。小时候总是趴在外婆的背上，嚷嚷着："外婆，这个鞋底什么时候才能做好啊？"外婆总是不紧不慢地说："我的乖乖呀，你着什么急呀，还早着呢！""你这都做了好久好久了呀，外婆，是不是结束了呀？"我不耐烦地一个劲儿问。外婆总是笑眯眯地回答："不急。不急。要有耐心啊，工序还有好多呢，不然纳出来的鞋底穿不住啊！"我一脸疑惑地望着外婆，外婆却专心地盯着针脚看有没有走歪。外婆每纳一针、顶针、夹针，拉麻线时，都会全神贯注地看着鞋底，生怕哪一针的位置扎得不对。为了使鞋底结实，每拉紧一针麻线，外婆的手背都会被勒出一条深深的痕……每完成一针，外婆总是把针在头皮上划一下，然后再找准下一个针点用力地戳进去。这个动作一直深深地印在我的脑海里，这也许是农村妇女最优雅的一个动作了。长大以后才知道，这是在增加针身的润滑性。不知道过了多久，外婆的鞋底终于纳好了，还要上鞋帮，二者合二为一，才算完成。外婆深情地看着自己完成的作品，嘴里念叨着："不紧不慢，一针一线，不厌其烦，这不就做好了吗。"说完，外婆便盯着这做好的鞋子沉思着，仿佛在回忆着什么，脸上又泛起满足的涟漪。从那时起，外婆的言行就深深地感染了我，虽然小时候不太懂，但是在我的内心埋下了一颗小小的种子。那就是耐心。耐心是一种坚持、一种积累。

现在的我，已为人母。我的孩子已经上了初中，让我欣慰的是，孩子在各方面都还可圈可点，孩子在专注力和耐心方面更是突出。如今的很多孩子，大多都是老人带大的，我认为3岁之前，孩子还是跟着妈妈比较好。1~3周岁，正是孩子语言思维和社会交往能力逐渐增强的时期。这个时候更需要妈妈能够在日常生活中与孩子进行亲密交流。这种频繁的接触和交流有助于孩子早期语言的发展。更不可或缺的就是耐心，而老人带孩子则更多的是无节制地溺爱，没有科学的方法引导。而我家孩子直到上幼儿园前都是自己带的。我们两个人之间最有意思的故事就是读故事书。当宝贝的小手刚学会翻书，但还不会说话的时候，我每天都会给她读故事书，从头读到尾，一遍之后，宝贝就会把书又翻到第一页，指着上面的字，因为还不会说话，只能点点头，小眼睛巴巴地看着我，我说"宝贝，还要再听一遍吗？"宝贝开心地笑了，不住地点头，我就从头读到最后。读完之后，宝贝又把书翻到第一页，指着上面的字，点点头，看着我。当时，我就急了，语气有点不耐烦地跟孩子说："这都读了两遍啦，宝贝，要不咱们换下一本吧？"这时，宝贝摇摇头，仍然指着第一页，非要读这一本。就在这时，我脑海里想起了外婆纳鞋底时的情景，我那时也是一遍一遍地问来问去，而外婆却耐心地回答我，耐心地跟我讲道理，耐心地纳着手里的鞋底。想到这里，我也心平气和了许多，给宝贝一遍一遍地继续读书，看着宝贝高兴的样子，我心里分外满足。很庆幸，有外婆这样的榜样熏陶了我，让我有了这份耐心与成长。渐渐地，宝贝大了一点，小嘴巴可以说出两三个字的时候，我们读书的交流就多了两个字"还听"。每次读完整本书，宝贝就说："还听，还听。"然后我就从头开始，再来一遍，一读就读个十遍八遍。我心里在想，这娃娃可真行，一本书还要读这么多遍啊？直到有一天，我大概记得是宝贝2岁生日的时候，她拿起以前读过的故事书，自己开始读了起来，"熊妈妈有两个孩子，一个叫大懒，一个叫小馋。兄弟两个去田里摘西瓜……"这个故事读了一半了，我听了之后，很是惊讶。我接过宝贝手里的书看了一下，基本没有错误。我顿时醒悟，宝贝那一遍一遍听故事，我一遍一遍讲故事，对孩子的影响这么深远。这种一点一滴，一字一句的积累，也是孩子培养专注力和耐力的过程。

我逐渐去理解孩子、相信孩子，也尽量不急躁，不厌烦，不急于拒绝孩子、打断孩子，坚持陪伴，学习等待。因为孩子们的成长是一个漫长而曲折的过程。

作者：赵海燕

点评：培养孩子耐心的家庭教育对子女的影响是深远而积极的，能够培养孩子的情感、性格与品德。当家长在教育过程中保持耐心并且用心倾听孩子的内心世界时，孩子会感受到家长的关爱与包容，从而培养出积极健康的心态和情感。本文作者从自身小时候看外婆纳鞋底讲起，陈述了耐心的重要性，而且这种耐心是延续的，接着又陈述了和孩子一起读书的事情。耐心与理解也能帮助孩子树立正确的人生观和世界观，使他们在成长过程中更加坚定地走向未来。耐心能够增强孩子的自信心和独立性。在家长的耐心引导下，孩子能够更加勇敢地面对挑战与困难，从而培养出自信与坚忍的性格。这种自信与独立性将成为孩子未来面对生活挑战时的重要支持。耐心对子女的影响是全方位的，它不仅能够促进子女的情感发展和性格塑造，更能帮助他们树立正确的人生观和价值观，为他们未来的成长和发展打下坚实的基础。（点评人：烟台市福山区东华小学　张风艳）

第八讲　信　任

家长朋友们，我们常说，亲子之间最好是一种伙伴关系，而构成伙伴关系的一种重要品质就是信任，它是我们作为家长应必备的教育品格。今天这一讲，我们就来讲讲信任。

一、何谓信任

在不同的学科领域，对信任的定义有所不同。今天，我们不来研究社会科学、管理学等领域中的概念。在家庭关系中，我们把信任定义为：信任是一种心理状态，是父母对孩子意图或者行为的正面期望，从而愿意承担损失的倾向（杜宜展，2021）。

信任是如上的一种心理状态，那么，在实际生活中，有多少家长具备这样的心理状态呢？为什么要具备这样的心理状态呢？

二、信任在家庭教育中的重要性

第一，信任让孩子形成自律。我们每个人都希望养育一个自律的孩子，但很多家长并不明白，要想孩子有自律，前提是要有家长的信任。

有一天，我们几个同学聚会，其中有个同学在看手机，另外一个同学好奇地问："看啥呢？这么专注。"看手机的同学笑笑，说："看监控呢。"原来，孩子自己在家，爸爸在通过监控看孩子在家里干什么。我心里一紧，问："家里装的监控，你们能看到孩子在干什么，孩子知不知道这事？"这个爸爸很坦然地说："知道啊！就是要让他知道，我们能看到他在干什么。"另外一个同学补充道："知道家长能看到，这样孩子就不敢为所欲为了。"

这样的事情，在当下的社会已经不是少数了，并且很多人把这视为正常。家长在家里安装监控来监督孩子，这对孩子传达的是信任吗？肯定不是。我们既想要孩子自律，但同时又监督孩子、不信任孩子，孩子有可能会自律吗？很难。

第二，信任让孩子有力量感。生活中很多人有过这样的经验。地板脏了，本来是打算一会儿拖地的。但是，恰好这个时候爱人说：看看地都这么脏了，你也不把地拖干净。本来干劲十足的你，有没有一种突然不想干了的感觉？作为孩子也同样如此，本来有自己的计划和安排，但是感受到了家长的不满意，往往得到的不是更有力量，而恰恰是丧失了力量感。

第三，信任让孩子建立自尊。当孩子感受到被父母信任时，自己就会感受到自己是有价值的。我有一个老师，家里是从事手工、做首饰的。我这老师她从小就帮家里做手工，因为她的爸爸一直说：我这个女儿最棒了，别看她那么小，但是她非常聪明，大人做不了的她都能做得非常好。就在爸爸的充分信任里，她从小到大一直认为：我是非常聪明的，我是有价值的！这种高度的自尊、自信伴随她终身，以至于未来不管谁否定、打击她，都不会摧垮她。

第四，信任有助于建立良好的沟通。生活中，很多家长都有一个困惑，就是孩子进入青春期以后不愿意和家长说话，一回到家直接就进自己的房间，门一关，上面无形中写着几个字"闲人免进"。孩子不愿意跟家长进行沟通的原因有很多种，但是其中有个重要的原因就是在以往的生活中，孩子感受到了家长的不信任。

第五，信任有利于建立良好的亲密关系。亲密关系对孩子一生有着极其重要的作用，建立良好的亲密关系是每个家庭都需要认真对待的事情。当孩子感受到家长的信任时，家长就为孩子提供了一个安全和支持的环境，孩子就容易和家长建立起积极的情感连接，从而建立良好的亲密关系，为孩子的一生幸福奠基（杜素娟，2023）。

三、父母如何做到信任孩子

作为家长都希望做到信任孩子，也希望让孩子感受到信任。那么，为了达到这个目的，作为家长应该做什么呢？在探讨这个话题之前，我们先来看看，作为家长都做了什么，让孩子感受到不被信任。

第一，关于叮嘱。在我们的传统观念里，总认为是因为关心所以才牵挂，因为牵挂所以才叮嘱，所以我们总是把叮嘱当成是爱与关心的体现，却从来没有想过，这背后还可能传达着别的意思。家长都会叮嘱孩子什么呢？恐怕有很多。上学前的"记得要多喝水""赶紧上厕所"，上学后"上课要认真听讲""赶紧写作业"，长大后的"要好好吃饭""好好工作"，等等。这些叮嘱都是有必要的吗？这样的叮嘱，传达的都是爱吗？

我经常跟家长讲：你相信猪渴了会喝水，饿了会吃食吗？你相信你养的狗、猫、小兔子也是这样的吗？那你相信你的孩子吗？说来很奇怪，作为成年人，我们坚定地相信所有的动物，但是我们却不相信自己的孩子。因为如果我们相信孩子渴了知道喝水，那么我们是不需要叮嘱他的，对吗？如果我们相信孩子憋了知道上厕所，饿了会吃饭，冷了会加衣服，那么我们是不需要叮嘱他的。细想这个问题你会发现：如果我们真的相信孩子，那么是不需要叮嘱的。那么反过来，是不是就意味着：你之所以叮嘱孩子，恰是因为不相信他呢？这个问题大概很多家长之前没有想过，那么我们不妨认真思考一下。

第二，关于帮助。说帮助孩子也是错的，传达的也是不信任，可能会让更多的家长困惑。我们这并不是说所有的帮助都让孩子感受的是不信任，而是指那些孩子不需要家长帮助，家长却非要伸手帮助的事情。比如孩子几个月大，正在一个人尝试着爬楼梯，家长看到了，怕孩子摔着，赶紧抱起来。家长一个小的举动看似是爱，其实是在告诉孩子：你不行，这事你干不了。之前我参加一个活动，家长和孩子在一起做亲子果蔬创意大赛，一个四岁左右的孩子在切胡萝卜，妈妈看见了说：你切不动，我帮你！结果孩子看了妈妈一眼，一刀狠狠地把胡萝卜切下去了。孩子在无声地向妈妈宣告：谁说我切不动？你看，我切得动！大家仔细回忆一下，生活中遇到我们没做过的事情，明明孩子想自己尝试，想自己去做，但是家长却总认为孩子不行，认为孩子做不了，所以出手相助。我们以为表达的是关心，孩子感受到的却是不信任。

帮助孩子带来的往往是什么结果？还是举一个爬楼梯的例子。第一次见到满满的时候，是在一次家庭聚餐上，当时的满满十六个月大，肉乎乎的，身体挺结实。为了让妈妈好好吃饭，我带着满满到处溜达。我跟在满满的身后，任由她到处走、到处逛。后来看到一个楼梯，慢慢就爬了上去，玩了一会儿，她打算下去。我仍然是老办法，跟在她的身后。这次由于是下楼梯，所以，我稍微侧了一下，跟在她的侧后方。我知道，这么大的孩子，还不能单腿一步一步下楼梯，但通常他们都有自己的方法，所以我并不紧张，只是随意地跟着。但是没承想，小家伙完全出乎我的意料，竟然像大人一样一步一步踩下去，单腿下楼梯。她的腿那么短，力量也不足，她哪有这份能力啊？吓得我一身冷汗，以迅雷不及掩耳的速度一把抓住了她。我惊魂未定，看着满满，百思不得其解：从心理学的角度上讲，六个月的孩子已经有了深度知觉；（郭靖，等，2001）从生活中观察到的情况看，这么大的孩子要么会扶着扶手下一级台阶、要么会坐下去用双腿下一级台阶，有的为了安全，下楼梯时甚至不惜倒退着下。像满满这么不知深浅地像大人一样下楼梯的，我还是真没见过，更没想到。带着这个问题，我苦苦思考，后来终于找到了答案。

满满的爸爸中年得爱女，由于夫妻俩工作忙，所以请姑姑来带孩子。姑姑带孩子分外仔细，从没有撒手让满满自己下楼梯。满满被牵着手、搂着胳膊，她是可以单腿一步一级台阶地下楼梯的，但是，在没有人照顾的情况下，她不知道她是不可以的，所以过度的帮助，不仅向孩子传达了不信任，甚至连孩子的自我保护本能都给抹杀了。

第三，关于监督。我们都知道，之所以监督就是因为不信任，但是生活中，我们又不由自主地做了很多监督孩子的事情，比如前面讲的家里装监控的事情。生活中最常见的即家长监督孩子写作业。当然，我们通常不说自己在监督孩子写作业，一般都说家长在辅导孩子写作业或者看着孩子写作业。大家想一想，上学第一天，是孩子要求你辅导他写作业的，还是家长主动要辅导孩子写作业的？从上学第一天，甚至是孩子出生第一天，我们有没有信任过：孩子自己可以完成学业；我们有没有相信过：学习是孩子自己的事情。如果我们没有这样想过，孩子能感受到在学习上家长对自己的信任吗？

我们不难发现从小被家长看管着写作业的孩子，在未来很难有强劲的发展后劲，甚至很多都是在家长的看管下成为假学霸。为什么说是假学霸呢？因为这部分人，最终通常会走向两种情形。一种是随着年级的升高，家长越来越感到力不从心，当有一天家长辅导不了、监督不了的时候，孩子的成绩往往会掉下来。另一种情形的后果更为严重，由于长期的高分数，让家长和孩子都有了高期待，但当有一天孩子感觉到自己力不从心，不能再维持高分数时，为了避免不好的结果，所以就选择不上学。大家从现在越来越多的初中、高中甚至小学阶段就不上学的孩子身上会很容易看到这种情形。

聊了这么多错误的做法，那么作为家长到底应该做什么，才是对孩子有足够的信任？

首先是多欣赏。当我们用欣赏的眼光看着孩子的时候，就是在用无声的语言向孩子传达：孩子，没问题的，你可以！当孩子爬栏杆，怎么也爬不过去的时候，孩子看看你，家长用微笑的表情看着孩子，孩子就会多一份力量，多一份尝试的勇气（白秀杰，等，2023）。多欣赏孩子，意味着家长要转换一下视角，从总盯着孩子的缺点和不足，转换到盯着孩子的优点和长处，这样的话，孩子自然会自我感觉良好，而一个自我感觉良好的孩子才会感觉到被信任，才会有自信。

其次是多等待。家长看到孩子遇到问题的时候，往往会在第一时间出手相助。其实多一份等待，恰是信任孩子有能力解决问题，恰是多给孩子一个成长的机会。我的老师曾经讲过一个故事，有一次他到国外的一个幼儿园参观，看到一个男孩在室外的水龙头处洗手。旁边有个男孩恶作剧，跑过去，突然用力把在洗手男孩的头按在水龙头底下。这个男孩吃了亏，就翻过身来追打对方。这个时候，幼儿园老师就静静地站在旁边一边看，一边做记录，并没有去制止这两个孩子。这件事情，如果发生在我们身边几乎是不可想象的。几乎所有的老师都会第一时间冲上去，拉开追赶着打架的两个男孩。因为如果不及时制止，一旦被家长知道，家长往往会投诉老师不作为。这里面，我们就要探讨这份等待，到底有多大价值。第一，孩子的社会化是需要在环境中、在冲突中完成的，通过矛盾和冲突，孩子会明白彼此的界限，这对孩子从一个自然人过渡到社会人是有着积极作用的。第二，孩子在这次冲突里，无形中锻炼了自己的身体素质、反应速度、自我保护能力，这些能力对孩子一生都是至关重要的。第三，孩子在冲突、打架时，会分泌雄性激素，让他们更好地成为男人。等待的意义还有很多，如果家长担心出现意外，那么看到孩子打架确实太激烈，有可能失控的时候再出手相助也不晚，而很多时候，孩子自己就解决了问题，根本不需要家长的帮助。

再次是允许孩子犯错误。很多家长会说：我也想相信孩子啊！可是他不值得我相信啊！我说：妈妈相信你自己会完成作业，妈妈相信你会好好学习，但是你都没有做到啊！在这方面，有个关于鸭妈妈养育孩子的动画片很有借鉴意义。故事中，鸭妈妈带领一群小鸭子往前走，它们遇到一个台阶，鸭妈妈和一部分小鸭子很轻松地跳了上去，但是有一些小鸭子却跳不上去。这时鸭妈妈给予了孩子充分的信任，她就站在上面轻轻地踱步，静静地耐心等待。孩子们一次次地尝试，跳起来、摔下去；再跳起来、再摔下去；再跳、再摔……经过无数次的尝试，小鸭子终于全部自己跳上了台阶，鸭妈妈和孩子们又一起向前走去。所以作为家长，我们一定不能不敢相信孩子，不能害怕相信孩子之后孩子出现各种问题，恰恰是一次次的困难和挫折才是孩子最好的成长机遇。所以，我们信任孩子，并不是信任孩子不会犯错误，而是相信孩子犯错误后有勇气再爬起来，有勇气去改正错误、成就自己。

回到生活中来，孩子几点上学谁的事？孩子的事。孩子作业谁的事？孩子的事。孩子学习谁的事？孩子的事。既然是孩子的事，那么就让孩子自己负责任，这传达的是家长对孩子的信任。但是往往家长看到的是：我不叫他上学，他上学就迟到了啊！我不看着他写作业，他作业写得不好啊！我不辅导他学习，他成绩往下掉啊！确实如此。但即便如此，我们也要信任孩子，信任他可以在犯错误、摔跟头之后，像小鸭子一样自己爬起来，然后重新出发。只有如此，孩子才可以增长真正的能力，而被看管出来的成绩，往往都是假象。

信任，是一个非常宏大的范畴，在孩子的教育上面，信任是对孩子最有效的支持，我们平常总是监督孩子的各种行为，其实是对孩子的行为不信任；我们总是左右孩子的情感表达，其实是对孩子的情感表达不信任；我们对孩子的各种判断和喜好进行审视和批判，其实是对孩子的认知不信任。应相信孩子是可以一点点成长的，相信孩子是能够把握好自己的，相信孩子是能够处理好和同伴冲突的，相信孩子是希望自己能够更优秀的。

相信我们的孩子在家长的信任中，会更加拥有做事情的力量，更加拥有战胜困难的勇气，也祝愿我们家长都拥有信任孩子的可贵品格！

家庭教育故事：信任孩子，他们拥有无限的潜力

我们常说，每个孩子都是一颗独特的种子，拥有着他们自己的天赋和潜力。然而，我们是否真正地信任过这些孩子们呢？今天，我想和大家分享一些思考，让我们共同探讨如何更好地信任我们的孩子。

讲个故事，关于相信的力量。

我校有个初二的男孩子，浓眉大眼，腼腆内敛，见到老师总是带着一种害羞的神情微微一笑，这孩子成绩也一直在十名左右，是个不被家长和老师操心的孩子。

可是有一天，孩子突然请假，没来上学。作为老师，了解了情况才知道实际上是孩子不想上学。而且内心对上学有一种对抗和压力。

作为一名心理老师，通过聊天我看到了，这又是一个脆弱敏感、性格内向的孩子，在上学的路上遇到了困难和卡点，自己卡住了，解决不了，需要外界的力量帮忙了。

然而，看到孩子的表现，孩子爸爸很生气，他说孩子偷懒，说这就是从小爷爷奶奶给惯的，不能吃苦，整天好吃好喝的，就学习这点事儿，有一点苦就受不了，偷懒不上学，还找各种理由……

当我向孩子家长了解了情况，当孩子爸爸跟我诉说他对孩子的种种判断时，我才知道，父子间信任的桥梁崩塌了，需要我来搭建。

作为心理老师，我从孩子沉重的表情和身体，看到他的渴望和需要。我知道这不是娇生惯养这么简单，是他心里遇到了卡点。

所以我试图从孩子爸爸这里做构建，我问了他几个问题，第一个问题是，你相信所有的孩子都想成为好孩子，都想有好的成绩，都想被爸爸妈妈和老师欣赏吗？孩子爸爸想了想，点头同意了。我又接着问第二个问题，你相信没有孩子天生愿意躺平？愿意放弃自己的人生吗？就好像每一个成年人都希望有钱，都希望自己有能力，都希望有好的生活，都希望自己幸福一样，没有人不希望拥有这些。只是当他觉得不可能达到的时候，就很容易无力和放弃。就好像当我们知道自己不是马云，我们就不会有那么大的动力去创造一个阿里巴巴一样。

孩子爸爸认真思考了这些，点点头说，老师，我明白你的意思了，孩

子不是故意要偷懒，不是故意要不上学的，是做不到。

听孩子爸爸能这样说我很开心，我继续搭建他和孩子情感的桥梁，我说，反过来说，当孩子遇到困难的时候，相信父母能帮助自己吗？他相信父母会站在自己这边，跟自己一起面对问题、解决问题吗？还是从小到大，父母会习惯性地站在问题那一边，一味地要求孩子去改正，让孩子孤立地去面对这些事情呢？

孩子爸爸想了想，尴尬地笑了笑，说确实是这样，对他有很多要求，但是没有真的在他遇到困难的时候站在他的位置上去想。并没有相信孩子，所以也没有站在孩子那一边，帮他一起看到问题是什么，卡在了哪里，如何解决问题。所以孩子也不信任爸爸。孩子会编造各种理由说谎来骗爸爸，来保护自己，因为他说的真话也不被信任。所以他就有更多的肚子疼、更多的头疼、更多的难受。慢慢地假的都变成了真的，慢慢地，亲子之间的沟壑越来越大，距离越来越远，心理距离也越来越远。

慢慢地，爸爸越来越生孩子的气，孩子也越来越对爸爸失望。然后问题在不停地加深，没有得到任何的解决。

当我帮孩子爸爸剖析到这里，他似乎明白了什么。

老师，那接下来我该怎么做呢？我对他说，行为也许不合适，但行为背后的动机一定是对的。当你看到孩子的一个行为，无论你舒服不舒服，不妨先去看看他背后的动机是什么。那老师，孩子肚子疼不想去上学的动机是什么呢？

是啊，是什么呢？是紧张？恐惧？害怕？不愿意面对学校里的人、事、物？当孩子爸爸去考虑孩子行为背后的动机时，他开始渐渐真正懂得孩子了，对于进入青春期的孩子来说，懂得比爱更重要。

我知道，这座信任的桥梁，已经逐渐搭建起来了。孩子爸爸开始真正去看孩子的心，而不仅仅停留在行为层面了。

当孩子说自己头疼，孩子爸爸就相信孩子头疼，并与孩子一起讨论头疼的原因，积极解决；当孩子说今天数学没考好，孩子爸爸也耐心地询问孩子的感受，并与孩子一起讨论哪个知识点没掌握好……

就这样，爸爸先信任孩子，理解孩子，一个月后，孩子也开始信任爸爸，相信爸爸说的话，配合爸爸去做练习，去尝试更多的突破，孩子越来越自信了，爸爸成了他最强大的靠山。

作者：于宏君

点评：信任在孩子成长过程中非常重要，文章通过讲述一个初二男孩因学习压力而逃避上学，以及他的父亲如何通过理解和信任帮助他重新找回自信和动力的故事，生动地展示了信任的力量。

文章中的心理老师通过一系列问题引导孩子爸爸思考孩子不当行为背后的动机，帮助他理解孩子并不是故意偷懒或放弃，而是遇到了困难和挑战。这种理解让孩子爸爸开始从孩子的角度去看待问题，尝试去理解孩子的感受和需求。这种转变不仅让他和孩子之间的关系得到了改善，也让孩子重新找回了自信和动力。

信任是激发孩子潜能的关键。当父母信任孩子时，他们会为孩子提供更多的机会去探索和实践，从而让孩子充分发挥自己的潜力。同时，父母的信任和支持也会让孩子感受到被尊重和关爱，帮助孩子成为有担当、有爱心、有智慧的人。（点评人：烟台市福山区西关小学　蔡妍丽）

家庭教育故事：信任是爱的最好证明

家庭教育是当今社会极度关注的一个话题，初为人父，从孩子的呱呱坠地到看着她慢慢长大，切实地感受到，这是一个父母与孩子共同成长的过程。像摸着石头过河一样，会迷失方向，会步履维艰，会湿了鞋子，会怀疑自我，但一路上潜心地探索，相信大多数家长是乐在其中的，因为这段路产生的羁绊，会在比记忆更深的层面将我们与孩子维系在一起。我认为贯穿家庭教育始末的一个重要的词，是"信任"。

说到信任，大家都不陌生，可真正能"守信于人，听命于己"却是很难的。我们都曾失信于人，孩子也曾失信于我们，信任的重新建立远比失去它要难上百倍。在日常的家庭教育中，我们首先要做的，是给孩子树立榜样，让他们觉得父母是一个靠谱的人。取信于孩子，他们才会愿意打开心扉选择相信父母和家人。不要小看这潜移默化的影响，父母是孩子的引路人，我们给出的承诺应三缄其口，做不到或者不想做的，就不要轻易许下诺言。因为在孩子眼中，没有看到父母为自己的失信而付出任何代价，他们就会认为不守信的成本很低。

　　我是一位户外运动爱好者，业余时间里会做一些青少年拓展活动。活动日期定下来之后，我会第一时间通知孩子，让她享受一个等待的过程。这其实是一个有信任风险的举措，但风险与收益并存。所以活动当天无论刮风下雨，我们都会坚持到底，户外做不了，就启用室内的备用方案。生活中要试着给孩子营造出一个安全的氛围，这是一个互相信任的开始，如果我们总是出尔反尔、摇摆不定，可能会给孩子制造出信任问题。站在孩子的角度，打乱了他们本来的周末计划，会给孩子带来负面情绪，这可能会需要一段时间去消化，而代价则是信任度的降低。

　　有一期的活动令我印象很深，因为设置的两个挑战项目我认为对孩子来说是有难度的，可能会给孩子带来不好的体验感，也因此与合伙人探讨了很久才定下来。第一个是高空走扁带，需要给孩子穿戴半身安全带，然后用自锁挂住主受力环，在高2米、宽6厘米的扁带上独立行走大约15米的距离。为了孩子能有更多的收获，我们之前是没有练习过的。在我给孩子穿戴安全带挂锁的时候，我特意看了一下她的眼睛，写满了兴奋与期待，我知道，这一切都是建立在信任的基础上。走在摇晃的扁带上，我看不出她有丝毫畏惧，因为孩子是无条件地信任你，这份信任给足了她面对困难的勇气。我很欣慰所有的孩子都顺利完成了挑战，虽然过程中有磕磕绊绊，但是我看到了孩子眼神中的坚定，它源于对家长和教练的信任。

　　路最终还是要靠孩子自己走的，我们父母更像是部队的后勤兵，做好了保障工作，适当放手吧，给他们一个展现自我的机会，如果我们还在担心孩子会不会磕着、碰着、扭到脚、抻到腿，这种成长环境是不健康的。信任是相互的，当孩子给我们一个积极的信号，我们应该回馈他们一个更大的舞台，慢慢地你会在某个瞬间，发现孩子身上的闪光点。

　　第二个项目是背摔，这个项目是成人团建常做的，从我的角度来看，这是一个成人都做不好的项目。当你背身站在背摔台边缘时，对一个人的心理考验是很大的，在你身子向后倒的一瞬间，一定是需要莫大的勇气才能让身体笔直地后倾。但是孩子的表现真的是让我动容，当家长把人床搭建好后，我用束手带绑好了孩子的双手，详细地阐述了技术动作，孩子们都准确地做出背摔姿态。然后按照既定的流程，孩子们先问："准备好了吗"，这时候家长们异口同声地反馈："准备好了"，孩子们接着说："1、2、3"，数到3的时候应声倒下，家长们的紧张神情与孩子们的兴奋尖叫形成了鲜明的对比。接到孩子的一瞬间，时光定格，那真是世间最温情的画面：每个孩子挑战完后都会去拥抱自己的父母，不仅是感恩，更是出自彼此之间的信任。

这个项目是内心的恐惧与信任的一场博弈，后来我认真地做了一下复盘，为什么孩子们能完成得这般精彩？我认为这跟他们的年纪有关，都说初生牛犊不怕虎，对他们来说，没有那么多的心理负担，他们潜意识里是相信教练和家长的。可以这么说，是内心的信任打破了恐惧的束缚。而我们成年人，在社会上摸爬滚打，信任感的缺失让我们畏手畏脚。

我们作为家长，在孩子的成长过程中，需要做的就是培养孩子这种互相信任的品质。

我们作为父母一直在想着如何让孩子飞得更高更快，却容易忽视如何让孩子更轻松地达成自己的目标。信任是教育的基础和前提，可能我们无意间传递的真诚、信任而又充满期待的言语和情绪，就能激发起孩子的无限能量。所以当家庭教育出现问题时，不妨放慢脚步，追本溯源，先看一看在我们和孩子之间是否存在着信任问题，重新建立起良好的信任关系则需要我们和孩子的共同努力。

信任是爱的最好证明。我们常说：一切为了孩子，为了孩子的一切。我们作为父母几乎付出了所有，是信任扮演了载体的角色，把这份爱源源不断地传送给了孩子，让我们的思想发生碰撞，迸溅出爱的火花。未来的路任重道远、充满坎坷，让我们与孩子来一场信任牵手，披荆斩棘，奔赴山海。

作者：姜翔伟

点评：有时候家长总是抱怨不知道该如何信任自己的孩子，其实信任很简单，信任就是选择性地放手。

不少家长会以孩子幼稚、不懂事为理由，否定他们的选择和想法，代替他们作出决定。久而久之，就会造成孩子决断力的缺失，他们习惯于听从和依赖大人的决定，当需要他们自己决断时，往往会表现得优柔寡断，甚至不会为自己的决定而负责。因此，家长要经常和孩子探讨问题，询问他们的想法，与之分析利弊，给出建议；同时，要尊重他们的决定，不随便干涉，不把自己的想法强加给孩子。这样，当他们作出决定之后，会更愿意为自己的行为和决定负责，从而更明确地承担责任。

每一个成长中被信任的孩子，都是拥有宝藏的孩子。当他们在成长中遇到挫折时，这些被信任的经历，都会为他源源不断地提供能量，在他身陷危难时给予他不灭的明灯照亮前路。（点评人：烟台市福山区西关小学蔡妍丽）

第九讲　接　纳

家长朋友们，很多时候我们都会谈到，做父母的一定要接纳孩子，那么何谓接纳呢？在这里，主要是指家长对孩子的身体、能力、性格等一切特征采取的一种积极的态度，简而言之就是家长能欣然接受孩子的一种态度。这段话，说起来很容易，但在生活中要做到，其实并不容易。今天我们就来谈谈家长如何做才是做到了对孩子的真正接纳，并从中感悟接纳对孩子成长的重要意义。

一、接纳的含义

我们说的父母接纳，就是父母对孩子的身体、能力、性格等一切特征采取的一种积极的态度，其本质是人本主义心理学鼓励的无条件接纳。无条件接纳或无条件的爱，是指父母接纳自己的孩子，仅仅因为她是我的孩子，而与孩子的相貌、才能、成就、社会地位无关（白秀杰，等，2020）。比如说不会因为孩子的一次考试失利影响对孩子的爱。父母应该是基于孩子本身具有的无限价值性与尊严，每一个孩子都是大自然的杰作，都拥有上天馈赠的天赋、形象及预设的心理机能，他们被接纳和被爱，只是因为生命自身，并不是因为他们有强于他人的表现，也不是因为他们有别人不具备的才能。我接纳你，"因为你是你，你是我的孩子"，而非为了别的。

我们在这概括一下，父母无条件接纳的基本特征：第一，无条件接纳是没有价值条件的接纳，即使自身存在缺点或者不符合父母的要求，孩子也能感受到父母的尊重、理解和关爱。第二，无条件接纳允许孩子有自己的感受、想法、情绪和行为，包容孩子的不合理行为。

二、接纳的重要性

第一，接纳使孩子能够赢得信任，是良好亲子关系的前提。家长在陪伴孩子成长的过程中，往往想当然地认为"孩子总会知道我们的苦心""我们不管做什么，都是为了他们好""我们之所以这么做，不就是为了孩子吗"……为什么家长会出现这种认知偏差呢？是因为家长认为孩子的优秀表现是接纳的前提。当孩子感受不到父母的爱和接纳时，父母的要求在孩子们的眼里也就变成了生硬的命令。

接纳孩子应该是一段良好亲子关系的开始。父母无条件地接纳孩子，孩子才会感受到父母的爱，也要让孩子知道：你的行为表现，你处理事情的得体，你作为一个学生的学业成绩不是父母接纳你、爱你的前提，无论你是否优秀，父母都会始终如一地爱着你。要让孩子心中有一个坚定的信念，越是在他遇到困难的时候，父母越是不离不弃地和他在一起。

因为无条件地爱，孩子对父母拥有了更多的信任和依赖。这样互相信任的亲子关系，为孩子的健康成长打下了良好的基础。在信任中长大的孩子，即使到了青春期，也不会表现出过多的叛逆行为。一个人内心的叛逆，往往是因为成长过程中缺少被接纳、信任的经历。解决青春期孩子的叛逆行为，最好的方法是父母的接纳和关注。

第二，接纳是孩子建立安全感和自我价值感的基础。当孩子能够确认父母无条件地接纳自己、爱自己时，他的内心便会感到安全，知道自己在父母心中的重要性：他对父母而言是无价的，这与他表现得好不好没有关系，父母爱他只是基于一个极为简单的事实——他（她）是父母的孩子。

在无条件接纳中长大的孩子能够建立良好的安全感和自我价值感，他们更愿意敞开自己，也更容易获得价值认同。而安全感和自我价值感是个体健康发展至关重要的心理因素，是形成健康人格的重要条件。按照马斯洛的需要层次理论，当孩子生存、安全、归属与爱、尊重的需要得到满足后，孩子们便会主动寻求自我实现，寻求自我价值。如果孩子成长中的这些需要得不到满足，那么他们将会缺失安全感和自我价值感，其人格的健康发展也会受到影响。

第三，接纳是孩子自我接纳、自我实现的基石。如上所言，父母接纳了孩子，孩子才会接纳他自己。来自父母和老师等生命中重要人物的接纳，对孩子的一生可以带来难以估量的影响。如果孩子经常听到："你连这点小事都做不好，还能干什么？""你怎么一做事就出错，还能不能干点啥啊？"那么，孩子会因此而得出一个结论：我是一个一无是处的人。成长中得不到重要的人尤其是父母接纳的孩子，就会拒绝接纳自己，内心充满自卑感、缺乏价值感。相反，觉得自己是独一无二的孩子是因为成长中得到了父母充分的接纳和认可。作为父母，其实总有办法让自己的孩子感到自己是独特的，是不可替代的。这需要父母善于发现对孩子最管用的方法，如表达欣赏："你是妈妈最喜欢的女儿/儿子""妈妈喜欢你这自在随性的样子""妈妈喜欢你做事情时认真投入的状态"等。这里我们谈一下罗森塔尔效应，这是一种社会心理效应，指的是教师对学生的殷切希望，能戏剧性地收到预期效果的现象。这种效应主要是因为教师对高成就者和低成就者分别期望着不同的行为，并以不同的方式对待他们，从而维持了他们原有的行为模式（姚思阳，2018）。该效应表明，如果一个人有积极的期望，他通常会更有可能看到这些期望成为现实，从而影响了被期望者的行为，使其趋向积极的方向。父母作为对孩子成长中最为重要的人物，其积极期望，可以起到比教师更好的效果。提高孩子积极的自我价值感，每个家长责无旁贷。

三、家长在接纳孩子方面存在的问题

到这里相信家长们已经知道了正确的接纳是怎样的。那么错误的又是如何的呢？当前家庭教育中关于接纳存在的最大问题就是有条件接纳。我们通过一个故事，来谈一下有条件接纳是什么？以及会带来哪些问题。

楠楠是个听话的孩子，做事认真努力，她很想让妈妈满意，但遗憾的

是很多时候楠楠的做法都达不到妈妈的要求，妈妈对其表现不满意的时候更多。楠楠听得最多的来自妈妈的反馈是："你怎么能这么做""你笨死了，别人能考100分你怎么不能""你怎么这么不争气"。楠楠求学阶段一路辛苦，不敢表达自己的任何愿望。她只有一个目标，就是尽力让妈妈对自己的学习满意。她放弃了自己的兴趣，牺牲了和小伙伴在一起玩耍的时间。高考考上一所不错的大学，毕业后工作也不错，结婚对象各方面条件也都很好……但楠楠从未享受过轻松快乐的生活。她总是非常紧张，担心有什么事情做不好，尤其在工作上，自己总是给自己很多目标，并且每件事情都要比别人做得好。为此，她在工作上煞费苦心，对领导总是唯命是从，从不对领导的工作安排有半点质疑。为了让领导满意，给领导留下好印象，自己拼命表现。她对周围的人非常苛刻，很少有人做事能够达到她的要求。单位里几乎所有人都因为忍受不了她的高要求而不愿意与她合作（白秀杰，等，2020）。为什么楠楠拥有着在一般人看来非常理想的生活工作，却过得如此紧张和辛苦呢？人本主义心理学家罗杰斯认为有条件的积极关注会让孩子把父母的价值观内化，变成自我结构的一部分，逐渐习得有条件的价值感。有条件的价值感的形成，被罗杰斯认为可能是以后可能会发展出心理障碍。楠楠从小生活在一个不被母亲接纳的家庭环境中，造成了她的不安全感与低价值感。这使她只能活在表现的层面，永远要用自己优于别人的工作来证明自己的存在与价值。母亲不接纳楠楠，造成楠楠自己不接纳自己，间接导致她也不能很好地接纳别人。

四、家长应该怎样接纳孩子

我们知道，当孩子既聪明又漂亮、既有礼貌学习又好的时候，其实接纳孩子是很容易的，所以，这个时候的接纳并不代表真正的接纳，家长是否接纳孩子，恰恰表现在孩子没有做好的时候，具体我们从以下四个方面来谈。

第一，当孩子做错了的时候。也许你会问：孩子做错了还要接纳他？做错了不是应该挨批评吗？当孩子犯错误时，家长的教育方式恰好体现了他们爱的深度以及爱的智慧。前几天有个孩子向我说了一件事：有一天孩子坐车回家晕车，晕得难受，下车的时候把书包忘在车上了，回家后就非常害怕妈妈骂她。结果妈妈知道后对孩子说：没事，等我们去找找，如果实在找不着我们就想办法把书买齐。就因为妈妈对她忘记书包这件事情的接纳，孩子感动得不得了。孩子犯错误，家长的一份接纳，不会让孩子以后更放纵，更为所欲为地落下东西，而是会让孩子更认真地对待物品，减少落下东西的可能性。或许有的家长会说，这样的错误我也能原谅，因为是孩子无心的嘛！其实，如果家长能够真正倾听孩子、理解孩子，你会发现，他的每个错误后面都是有原因的。

第二，当孩子没有满足家长期待的时候。家长对孩子没有期待，这好像也不现实，但是如果孩子没有满足你的期待，家长的表现也决定了家长是否能接纳孩子。比如，你希望孩子考上一所好高中、名大学，结果孩子考试发挥有失水准，没有考上你期待的学校。这个时候你是理解、接纳孩子，还是因为失望而表现得郁郁寡欢甚至甩脸子给孩子看？如果你不开心甚至埋怨孩子，就会让孩子感受到：你在意的是他考试的成绩，而不是在意他本身，那么孩子感受到的就是家长对他的不接纳，孩子的价值感、安全感、自我认同感就会很低，这显然不是一个幸福孩子的状态，而我们家长的目的是不是培养一个幸福的孩子啊？

第三，当孩子失败了的时候。大家有没有发现有的孩子每逢考试就紧张？特别是越逢大考就越紧张？为什么？每一个考试紧张的孩子的背后都难免会有过分在意孩子成绩的父母。因为孩子怕家长不满意，怕家长生气发火，因为他知道考不好的话，家长对他不接纳，所以孩子考试才会紧张。很多家长不理解，还总埋怨孩子考试紧张，其实问题出在谁身上？完全出在家长身上啊，家长才是源头。我有个亲戚的孩子，驾照路考三次没有考过，第三次失败后回到家，爸爸坐在沙发上，指着孩子的鼻子骂："连个驾照都考不出来，你还能干什么！"大家想想，作为孩子，此刻内心是什么样的感受？当下一次考试的时候，孩子坐在车上，内心是更从容更有把握了，还是更害怕更胆怯了？更何况，在家长如此的评价中，孩子会放弃尝试的，因为他新的失败后是家长更严厉的责骂。结果这个孩子最后就放弃了驾考。不管怎么劝，他都说："我一辈子不开车了，难道不会开车就没法生活了吗？"所以说，家长不接纳孩子可能导致的最终结果是孩子逃避。等到了这一步，家长悔之晚矣。

那么怎样才能让孩子考试不紧张，怎样才能让孩子更有勇气地去面对考试呢？不是考试前我们一次次告诉孩子：不用紧张，不用紧张，好好答卷就行了的。这些叮嘱是没有用的，反而更会增加孩子的紧张。想让孩子考试不紧张，不在于面临考试的时候家长做了什么，而在于家长平时的表现。如果家长让孩子相信：妈妈在意的不是成绩本身，不论考成啥样，妈妈都一样爱我、接纳我，哪个孩子会考试紧张呢？我女儿班上有个小女孩，学习成绩并不出色，但这个孩子非常喜欢考试。这是很令人惊讶的现象。多数情况下，我们只看到过不讨厌考试的人，从来没见过喜欢考试的人，特别是没看见过学习成绩不出色却喜欢考试的学生。后来了解到，这个孩子喜欢考试，是因为她觉得考试能检验出自己哪些地方学得不够扎实，从而补充哪个地方的知识。你看，这个孩子找到了考试的真谛，大家能感受到作为这样的一个学生是多么幸福的事情？我猜想这个孩子成长在一个无条件接纳她的环境中，她丝毫不用为她考试成绩不好而担忧，如果孩子内心有这份底气，大家想，还会考试紧张吗？当一个人对外在的环境没有焦虑、没有恐惧时，他自然会把他所有的力量用于自己的成长。

第四，当孩子有负面情绪的时候。负面情绪，每个人都生而有之。你看，孩子一生下来就会哇哇大哭，对吧？但是你会发现，我们能在孩子小的时候无条件接纳他，能接纳孩子的负面情绪，我们知道：孩子哭一定是有原因的，是饿了？拉尿了？还是生病了？我们首先做的是去找原因，对吧？但是随着孩子长大，你忘记了孩子有负面情绪一定是有原因的，当孩子哭了，你会说："哭什么哭，有什么好哭的！"谁会闲得没事哭啊！就像高兴必有原因一样，每个负面情绪的背后也必有其原因。现在不仅仅是家长不接纳孩子的负面情绪，而是孩子一有负面情绪，直接引爆家长的负面情绪。比如孩子生气了，你看到了，你会比孩子还生气。孩子还敢在你面前表达自己的真实感受吗？孩子如果在父母面前都不敢表达真实感受，你希望他到哪里去表达？他是不是就会到外面去找人表达？早恋就产生了。所以，应该说是我们家长亲自把孩子推出去的。不能接受孩子的负面情绪，其实就是不能接纳孩子。

孩子有负面情绪的时候是对家长的一个考验，我们家长怎么做，直接决定了孩子以后是愿意找你倾诉还是从此关闭心门。我们家长想做好其实很简单，只要我们肯认真倾听，感同身受，哪怕我们家长什么也不说，孩子的心情也会平复、安宁很多。我们家长的倾听、理解，会让孩子感受到：爸爸妈妈是和我一伙的。大家要知道："关系大于一切，让孩子感受到你和他是一伙的，是所有教育的前提和基础。没有这个，所有的教育都将是无效的。其实孩子有负面情绪的时候家长要做的事情非常简单，那就是倾听、陪伴、理解，甚至可以什么也不说。要说就说个：嗯，是，对，哦，是这样的……切忌的是家长滔滔不绝，摆事实、讲道理，没有人在有负面情绪的时候还能听得进去大道理，所有的道理都要等到没有负面情绪、心情平静的时候再去谈及。"

接纳是作为家长和成为一名好家长应该具备的重要品质。作为家长，越接纳孩子，孩子会越有力量，越能认识到错误并改正错误。李玫瑾老师说："孩子犯错了千万别打孩子，你打孩子了，孩子就觉得扯平了。那么，家长必然就失去继续教育的机会，因为孩子没有把精力放到认识错误、改正错误上面去。"生活中看似简单的一件件小事，其实都是在检验家长的智慧。

家庭教育故事：接纳孩子成长中所有的惊喜

家是孩子人生的第一所学校，家长是孩子良好品德养成的第一任老师。而怎样做一名合格的家长，则是我们一生的必修课。

"望子成龙，望女成凤"是每个家长的心愿，我也如此。我希望孩子身心健康的同时又有良好的行为品德，以及优秀的学习成绩，并为此而做着我觉得很正确的事情。比如孩子想要做家务，而我觉得这样会浪费她的学习时间，不允许她做。比如孩子放学后想要帮我扫地、擦桌子，等等，而我觉得她有这时间还不如去看会书，增长点知识，俗话说"读万卷书，行万里路，书读百遍，其义自见"，在保证她充足的睡眠时间后，我觉得她应该珍惜所有的时间用来学习。毕竟当今社会是一个竞争激烈的社会，少壮不努力，老大徒伤悲。

我的孩子从小就很黏我，什么事情都会告诉我，对于我给她安排好的事情，也从来不反对，当然我也不是说会那么强势地安排，而是会根据她从小的喜好来安排，她也很喜欢我帮她规划好所有的事情。听到别人说孩子怎么不听话，作业不好好写，时间不规划，穿的衣服都要自己乱七八糟地选，文具也选一些徒有其表的，等等，我往往会庆幸我的孩子是个乖孩子，没有那么多要求。

可慢慢地我发现，孩子开始写作业不积极，看书没兴趣，对于学习的事情都在应付，不像以前那么认真了。总是想出去玩，或者干点和学习无关的事情。对于我给她安排好的事情也不那么喜欢，无所谓的样子，有小秘密也不跟我说了，更愿意去和同学分享。我觉得这还是我那个乖巧、懂事的好孩子吗？我也在努力思考是什么原因导致孩子变成这样了呢？有一天我们俩去逛完超市后，刚走到家门口，正好遇到她的同学在外面玩，她看到后立马问我，能不能先不回家，想和同学玩一会再回去，我立马想拒绝，因为我觉得没有大人陪同的话，怕几个孩子在一起玩会有危险，不过拒绝的话还没说出口，突然想到自己的童年好像不是这样子，那时候的家长每天都很忙，没有现在的生活条件和娱乐设施。每天放学写完作业后就会和同学们一起玩，不到吃饭时间不回家的那种，那时候真的很快乐。这时候我忽然意识到我是不是把孩子看得太紧，管得太严了？她没有自己的时间可以自由支配，慢慢地在家的时候，除了学习和偶尔我陪她出去玩，好像没有什么有意思的事情可以干了。想到这里我对孩子说：那你去玩吧，早点回家，不能走很远，就在家附近玩。我看到孩子的眼睛立马不一样了，她的眼里有光在闪耀。她高兴地说：谢谢妈妈，我们就在家门口这里玩，保证不走远。说完她蹦蹦跳跳地去找她的小伙伴们了，我想这一刻在她的眼里就是幸福的吧。

通过这些事情，我忽然觉得孩子长大了，她有自己的思想了，她有自己的小伙伴了，她不再是那个跟在妈妈屁股后面，叽叽喳喳地说着她每天所见所闻所有事情的小丫头了。她现在也有自己的朋友，自己的小圈子，自己的小秘密了。同时我也有点失落感，我的孩子可能慢慢地就不再需要我了，不再需要我给她搭配好每天的衣服，陪着她一起规划好放学后的时间，陪着她去游乐场玩，陪着她……但我从窗户看到她和小伙伴们快乐地玩着的那张笑脸，我觉得我应该接纳她成长中带给我的所有，尤其是长大后，她有自己的思想了，她也有很多和我们成年人不同的想法，她应该有她自己对时间的规划，以及对事情的规划。她像一只雏鹰，想要去寻找属于自己的一片天地。每一个人都是不完美的，我们做家长的只需要正确地引导就好，不应该过多干涉，只要她是一个诚实善良、热爱生活、乐于助人、品行端正的孩子，那她就是一个对社会有用的人。是啊，我的童年是一个很美好的记忆，凭什么把孩子童年的美好给破坏了。她真的长大了，我要学着接纳她成长过程中带来的惊喜。不能一味地追求她听话。我深刻地反思了自己，为什么孩子对所有关于学习的事情不再有积极性了，也不再和我分享她的小秘密了。我过分严格地控制她的时间，已经让她有了反感的心理，我庆幸及时地发现了问题，如果一直这样下去，我也变成控制型家长了，这样只会给孩子带来不好的影响。

学会接纳孩子的成长惊喜后，我发现她现在把自己的时间规划得很好，什么时间该学习，什么时间该帮我做点家务，什么时间去和小伙伴玩，忙得不亦乐乎。她又是那个活泼的小朋友了。我觉得还是喜欢她现在的样子，很欣慰。学会接纳孩子，不只优点，是她的所有。同时更应该注重家庭教育的重要性，营造一个充满尊重和接纳的氛围，让孩子在成长过程中受益终身。

作者：李兴艳

点评：这篇文章非常感人，充满了家长对孩子深深的爱和期待，同时也展现了家长在孩子成长过程中自我反思和成长的过程。

文章中提到的"学会接纳孩子的成长惊喜"是非常重要的一点。每个孩子都有自己的成长轨迹和速度，家长需要学会欣赏和接纳孩子的不同，而不是一味地追求自己的期望和标准。只有这样，孩子才能在成长过程中得到充分的支持和鼓励，成为更加自信和独立的人。

此外，作者还强调了家庭教育的重要性，认为营造一个充满尊重和接纳的氛围对孩子的成长至关重要。这种氛围可以让孩子感到被理解和支持，从而更加积极地面对生活中的挑战和困难。

总之，这篇文章不仅展现了家长在孩子成长过程中的自我反思和成长，也提供了很多有益的家庭教育建议。它让我们意识到，作为家长，我们需要不断地学习和成长，才能更好地支持和陪伴孩子的成长。（点评

人：烟台市福山区西关小学　蔡妍丽）

家庭教育故事：纳谏如流，健康成长

　　家长都希望自己的孩子能够健康快乐成长，成为有道德、有知识、有能力、有担当的人，我也不例外。但成长过程中，孩子难免会出现一些不好的言行举止。一方面他年龄小，无法分清事情的好坏和严重性；另一方面孩子是一个独立的个体，他有自己的思想，会和大人发生分歧。这时家长需要正确认知和理解孩子的变化，接纳孩子的过错，才能更好地引导孩子认识到自己的问题，并转向正确的道路。

　　奥特曼卡片大家应该都不陌生，有一段时间我家孩子也是疯狂地迷恋它，只要出去肯定会买一包。有一天，他拿着五元钱去商店买小零食，回来我看他拿回来的东西用三元足够了。我问他："还有两元钱买什么了？"他支支吾吾地说了一堆，反正字里行间就不说买什么了。等他说完后我严肃地问他："你是把剩下的两元钱扔掉了？还是买卡片了？"他沉默了一会说："妈妈我告诉你，你可别说我，其实我买卡片了，但是我没抽到好的卡片，我又害怕你说我，所以我直接扔垃圾桶里了。"听他说完其实我内心感到又好笑又无奈。

　　我语重心长地告诉孩子："作为家长其实我早就知道你买卡片了，我庆幸你没有撒谎，既然买了你就大大方方地拿回家就行了，妈妈顶多唠叨你几句，买你喜欢的东西这也是你的童年生活，大人理解支持，但是人都要为自己做过的事情负责，不要逃避它，如果做一些自作聪明的事情其实大人一眼就能看穿。"孩子听后告诉我："妈妈我错了，以后我再也不这样了。"

　　事后我也认真地反思过自己，肯定是我大声地呵斥过他买卡片的事，自己可能觉得没什么，但对于幼小的他来说可能是一种伤害，所以让他产生了不良思想，以后再有事情我要好好说、好好引导。我们要接纳孩子的不良思想，并且及时地改正它，也要改掉自己的坏习惯和孩子共同成长。

　　从孩子升上三年级开始，不仅对孩子来说是面临新的挑战，对家长来说也是。最让我头疼的不是多加了一门英语而是他们要用中性笔。有一天放学回家，我说把你的作业本拿过来我看看，他说不用了，我们老师都看过了。我要自己去拿，他赶快跑过来捂住作业本。事出反常必有妖，我夺过来打开一看，哎呀，乱糟糟的，还有一些字写"糊"了，像一个个"黑蛋"。我说重新写吧，然后他就坐在书桌前一边哭一边写，你越说他越哭，他越哭我就忍不住吼他。你越吼，他就犟嘴说你有本事一个写不错吗？最后是两个人一起哭。

当我俩都冷静下来的时候我问他，你怎么突然就把字写成这样了，他告诉我：他从来没用过这样的笔写字，并且现在的本子格子小小的，以前用的是铅笔，写错了还可以擦去，所以不习惯。听他说完，我立刻认识到我真是对孩子要求太高了。很多家长是不是也和我一样。我们有时候忘了我们是大人，我们很多时候用我们的视角去看他们学得真简单，怎么这么简单的也不会，教不会的时候家里就被搞得鸡飞狗跳的。

我反思了自己，我和孩子说："对不起，妈妈不应该向你大吼大叫，我也忘了这些字对你来说都是陌生的、有难度的，也更忘了这才开始换笔，你也需要适应。妈妈希望从今天开始你每天改掉的字比你上次少一个，你尽量要做到，好吗？"孩子回答好。到今天为止孩子真的进步了，虽然每天还是有改掉的，但是只要是在进步就行。说明孩子是在完成他答应过的事了。

孩子在成长过程中，会受到来自家庭、学校、社会等多方面的影响，如果这些影响是负面的，就容易导致孩子产生不良的思想。例如，家庭暴力、缺乏关爱、过度溺爱等都可能让孩子产生自卑、叛逆、自私等不良情绪和行为。同时，孩子的不良思想和行为往往不是一蹴而就的，而是长时间积累的结果。

因此，我们如何帮助孩子认识到问题，帮助孩子成为更好的人呢？首先，家长要做到正确理解和对待孩子的不良思想、情绪和言行，耐心倾听孩子的想法和感受，了解孩子不良思想的来源。从而更好地引导孩子。其次，如果家长做得不好，也要积极改正，给孩子树立良好的榜样。另外，家长要避免过度批评或惩罚孩子，以免让孩子更加叛逆或自卑。最后，家长需要具有同情心，能宽容大度地接纳孩子的过错。

孩子在成长过程中难免会犯错，这是正常的现象。孩子是在犯错改错中不断完善自己的。作为家长应该给予孩子更多的支持和鼓励，帮助孩子认识到错误并改正错误。担负起家长的责任。总之，正确认识和理解孩子成长中的不良思想、情绪和言行是家长的重要责任。只有通过耐心倾听、理解和引导，才能让孩子健康成长，成为有道德、有知识、有能力、有担当的人。

作者：刘晓婷

点评：这篇教育故事通过两个具体的例子，即孩子购买奥特曼卡片和使用中性笔写字的问题，展示了家长应该如何与孩子沟通，理解孩子的想法和感受，以及如何通过耐心和引导帮助孩子改正错误。

每个孩子都是一个独立的个体，都有自己的思想和行为方式，家长需要理解并尊重孩子的个性，接纳孩子的过错，才能更好地引导孩子。当孩子犯错时，家长不要急于批评或惩罚，而是要先了解孩子的想法和感受，从而更好地理解孩子不当行为背后的原因。通过对话和引导，帮助孩子认识到自己的错误，并鼓励孩子主动改正错误。另外，要给孩子树立良好的榜样，家长自身的行为和态度会对孩子产生深远的影响，因此要注意自己的言行。（点评人：烟台市福山区西关小学　蔡妍丽）

家庭教育故事：接纳孩子，助力腾飞

说起家庭教育，相信每位家长，都可以说出一堆见解。是的，我们爱我们的孩子，关心他们的一颦一笑，一举一动。因为爱，所以了解，因为了解，所以我们要有针对性地进行教育，让他们成为未来的国之栋梁。

我女儿平时都很温柔，大家都夸她性格好；但有时候发起脾气来，那是又跺脚，又叉腰的，完全是另外一副样子，不了解她的人可能都不会相信，她还会有这样的一副模样。我多次告诉她遇到事情不要着急，要学会控制自己的情绪，奈何她还总是不定期地爆发。

一、接纳孩子的不完美

孩子没法选择父母，父母也没法选择孩子，我们在相濡以沫中感情越来越深厚。有一次考试，我看见孩子的试卷因为不认真，计算和解决问题都丢了很多分，我当时就气不打一处来，真想狠狠地揍她一顿。气冲冲地走进她房间，看见她一反常态，趴在桌子上大哭。刚要发作的怒气消了一半，听到她那伤心的哭声，我的心里很不是滋味。我想孩子能认识到自己的错误，已经很伤心了，我不能再伤害她了。但是错误也不能一直持续，要想个办法改正才行。作为家长，就是要能正确认识和理解孩子成长中的不良思想、情绪和言行，接纳他们的不完美。

二、同理心助孩子改错

错误已然铸成，再多的批评也无济于事，我故作轻松地对她说："孩子，胜败乃兵家常事，一次的失败说明不了什么。再说了失败是成功之母，我们一起来分析一下这张试卷，把错误的原因找出来，把它改正过来，整理一下错题集，保证以后不再犯同样的错误就行了。"

经过我们的分析，发现考试的题目都是之前练习过的题型，出错的原因多数是因为抄错数，计算不检查，没有认真审题，就动手做，结果题意理解错了，全盘皆输。我对孩子说："明白了错误的原因，以后我们哪些方面需要提高呢？"孩子自己总结道："第一，以后要认真抄数，把数抄对了，才有可能做对。第二，就是计算要检查，通过验算保证计算的准确率。第三，解决问题先认真读题，做好标注，想对方法后再动手计算。"孩子针对出错的原因能一一地想出解决的对策，我很欣慰。"孩子，你说得对，你能做到你说的以上三点，我觉得一定能成功的。"孩子脸上的泪珠还在，但哭中带笑，我觉得那笑特别灿烂。"孩子，以后学习上遇到困难，可以讲给妈妈听，看看妈妈能不能帮助你，好吗？"孩子眼含泪花，保证道："妈妈，您放心，吃一堑长一智，我今后一定会努力，绝不再犯同样的错误。"我没有批评，宽容大度地接纳孩子的过错，并温柔以待。相信她能更深刻地认识到自己的问题，今后一定会和错题做斗争。

三、知错能改善莫大焉

接下来的日子里，孩子脸上的笑容多了，更愿意把学习上的事情与我分享。我发现她更严谨了，马虎现象少了。我也由衷地为她的成长开心。

孩子在犯错时，家长要格外冷静，不吃一堑，不长一智。打骂解决不了问题，只会让他们更害怕犯错，家长要试着和他们有效沟通，要知道犯错也能帮助孩子成长。我们是父母，是监护人，是孩子安全感的来源。

如果我们总是不顾孩子的感受劈头盖脸地批评，会让她们很难过，有可能还会引起孩子的逆反心理。我们应能正确认识和理解孩子成长中的不良思想、情绪和言行，具有同情心，宽容大度地接纳孩子的过错，给孩子知错、认错、改错的机会。人非圣贤，孰能无过，何况是还未发育完全的孩子呢？知错、认错、改错，善莫大焉。相信父母对孩子无私的爱，一定会助力孩子飞得更高更远。

在孩子的成长中，总是会出现各种各样的问题，面对孩子成长中的这些问题，我们要具有沟通能力。要俯下身来倾听孩子的心声，让孩子把话完全说出来，并认真听懂孩子话里的意思；能理解孩子面临的处境，站在孩子的角度思考孩子的话是否有道理；能对孩子如何采取正确的行动给予合理的建议。

作为一名家长，深感自己有许多的不足，我知道教育不只单单是孩子的功课，而是父母的修行。教育不是老师一个人的舞台，而是家校沟通、家校共育的过程。心理健康有时候或许比学习更重要，健康的心理往往会撑出持久的动力。我们家长应多去鼓励，多去陪伴，爱才是教育的灵魂。感恩遇见负责任的老师，任劳任怨，将耐心和关爱给予孩子，感谢您不辞辛苦地对孩子悉心教导。

总之，家庭教育是一门大学问，需要家长终身学习。我们家长要在多陪伴、多总结的基础上，针对孩子的不同性格，出现的不同问题对症下药。如：接纳孩子的不完美，和孩子进行有效的沟通，不要让孩子害怕犯错，能正确认识到犯错也是有利有弊的，调动孩子的积极性，挖掘孩子的内驱力……所谓"得法者事半功倍，不得法者事倍功半"。家是最小国，国是千万家，希望我们每位家长都能努力为国家培养出栋梁之材。

作者：衣翠红

点评：接纳并不难理解，但是却非常难做到，因为接纳不是一个单纯的动作，而是一个持续的过程。接纳伴随着人的一生，可以给我们的生命体验带来很多美好。

首先，接纳意味着尊重孩子的个性，放下成年人的预设，允许孩子有伤心、失望、难过等情绪存在。其次，接纳意味着家长与孩子之间的情感联结，倾听孩子的内心世界，不干涉、不改变，允许孩子有自己的意志和想法。第三，接纳意味着看到孩子原来的样子，不强求他和别人家的孩子一样，否则父母会陷入失望，孩子也会因此而变得胆小和自卑。当然，接纳并不是说任由孩子"肆意"发展，而是在孩子没有达成某个具体目标的时候，用孩子能接受的方式和力度，带着孩子成长。

接纳，是家庭教育的奇迹力量，因为它贯穿一个人生命的全过程，如果一个孩子小时候得到了充分的接纳，那么长大后他就会拥有强大的生命力和内驱力去成就自己，创造奇迹。所以，让我们一起从接纳自己开始，学会接纳孩子，让接纳在我们的生命中绽放奇迹的力量！（点评人：烟台市福山区西关小学　蔡妍丽）

第十讲　平　和

家长朋友们，在与孩子相处的过程中，我们是否经常管理不好自己的情绪。要知道，心态平和的家长可以为孩子提供一个相对安全的家庭环境、稳定的情感支持以及自由发现个人兴趣的空间，从而对孩子的身心发展起到积极而深远的影响。平和，是作为家长应该具备的一种教育品格。今天这一讲，我们就来讲讲平和。

一、何谓平和

平和，是指性情或者言行温和，比如，我们经常说的语气平和、态度平和。在家庭教育中，平和更多体现在知道自己的情绪在教育孩子的过程中会影响到孩子的情绪，能以平静、温和的态度教育孩子，与孩子沟通交流，尤其是在孩子犯错时能控制自己急躁的情绪。那么，在实际生活中，家长们为什么要做到平和？怎样才能成为一个情绪平和的家长呢？

二、平和在家庭教育中的重要性

家长的平和、稳定的状态对孩子的成长具有重大影响，可以为孩子提供良好的家庭环境，为孩子做出良好的示范，为孩子提供稳定的情感支持，助力孩子寻找自己的人生目标。

第一，心态平和的家长能为孩子提供相对安全的家庭环境，可以帮助他们专注于学习、探索、社交，同时也能够更好地休息和恢复。

从脑科学的角度讲，一个人要想认真投入学习的前提，是有一个安全、放松的环境（姜庆伟，等，2016）。然而，我们生活中很多家庭的环境和安全、放松完全不搭边，家长们常常表情严肃地守在孩子的书桌旁，这个环境对孩子而言是害怕、痛苦甚至是恐怖的。在这个完全没有平和的环境中，孩子的精力就放在应对家长的情绪中，他们时刻想的，是如何不被责罚、如何摆脱这个环境，而根本没有精力去思考人生和学习等问题。

家长们辅导孩子写作业的目的，是希望孩子学习成绩好，但我们会发现，在家长这样不平和的辅导下，孩子不仅不会学习好，反而会厌恶学习、憎恨学习，因为学习带来的是如此痛苦的体验，谁能在这种痛苦体验中爱上学习呢？如果没有对学习的美好体验，没有对学习的热爱，想学习好真的是很难的一件事情。所以，家长需要避免让孩子处于一种不平和的糟糕学习环境（彭新英，2023）。

有的家长内心一定在想：我也不想发火啊！可是这熊孩子我真控制不住啊！确实是，没有良好的功力，辅导孩子作业时确实容易控制不住情绪，那怎么办？有一个最简单的方法——不要管。不管，孩子可能学习不好，也可能学习好；如果这样管，孩子肯定学习更差。俗话说"两害相权取其轻"，二者比较一下，不管或许还是一个更好的选择。中医里有一句话"不治就得到了中等的医治"，有病了，如果不治就是一个中等的选择，如果乱治、治反了，那还不如不治。教养孩子也是一样的道理，不会管还不如不管。如果说，不管我可不放心。那么如果要管，我们就需要学习和研究相对好、相对科学的管教方式。

第二，当家长保持平和的状态时，孩子也往往会效仿他们的行为。孩子们会学会怎样有效地处理压力、冲突以及其他的生活难题。这种处理问题的能力不仅会在他们的成长过程中起到极其重要的作用，在他们未来的成年生活中也会大有裨益。

有句话说："不在沉默中爆发，就在沉默中灭亡。"在家长的暴躁脾气中，孩子要么学会用同样的方式和人相处，要么被家长压制住，成为忍受者、沉默者、承受者。一个不能良好表达自己的人，要么是伤害别人，要么是伤害自己，最终都难以有良好的人际关系。

第三，心态平和的家长能为孩子提供稳定的情感支持。这关乎他们的自尊心、自我价值感，甚至情绪稳定等。一个心态平和、稳定的父母可以帮助孩子克服挫折，应对挑战，增强他们的心理韧性。

我们都知道，一个情绪不稳定的人是很难获得幸福人生的。一个孩子想要成长为一个情绪稳定的人，其中一个非常重要的条件就是要有一个情绪稳定、心态平和的家长。家长们对孩子的耳提面命、大发雷霆一般都并不是计划好、安排好的，也就是家长什么时候会发火，家长和孩子其实都是不知道的，孩子是没有心理准备的。设身处地地想一想，如果我们是孩子，我们会有什么样的心情？如果孩子每天都像一只惊恐的兔子，时时刻刻处在不确定中，这是多么悲惨的一件事情。

最后，心态平和的家长通常会更加注意和尊重孩子的感受和需求，而不是强迫他们满足自己的期望。这样一来，孩子就能有足够的自由去发现他们的真正兴趣，找到他们的人生目标。

总的来说，家长的平和状态对孩子的成长具有深远影响。它有助于提供一个安全、支持和尊重的环境，使孩子能够健康、快乐地成长。

三、父母如何做到平和

很多家长此刻或许心里在想：我也想态度平和、情绪稳定啊，但上来那个脾气控制不住自己啊！那么，作为家长如何才能做到态度平和呢？这里和大家分享几点。

一是要学习情绪管理。我们都知道要求孩子，不会的东西去学习就会了，对于我们成年人也是一样的，既然知道自己不会情绪管理，那就需要去学习情绪管理，至于怎么学习，今天我们不在这里展开讲，印度有句俗语，"学生准备好了，老师就出现了。"只要我们想学习，就一定会找到方法的。

这里简要提供学习情绪管理的方法供家长参考。学习自我觉察，对自己的情感有意识，认识到何时感到紧张、愤怒或沮丧，记录和反思这些情绪出现的触发点；学习情绪表达，学习健康地表达情绪，而不是压抑或过激反应，利用"我感到"的陈述来代替责备或指责；学习冷静下来的技巧，当情绪高涨时，采用深呼吸、短暂离开现场、进行身体锻炼或冥想等技巧来冷静下来；设立边界，知道何时需要休息和空间，并能够有效地沟通这些需要，以避免过度疲劳和情绪崩溃；积极倾听，倾听孩子的意见和感受，不要立即反驳或判断，这样可以减少误解和冲突；改变认知，调整预期和对孩子行为的解读，采用积极心态去理解和接纳孩子的不完美，可以阅读书籍、参加工作坊，或加入支持小组以获取更多的育儿和情绪管理知识。

通过这些方法，家长可以逐步提高情绪管理能力，成为更平和、更有支持性的家长。这是一个过程，对所取得的每一个小进步都要耐心并且给予自己应有的认可。

二是要处理好与父母的关系。现在时常谈原生家庭这个话题，确实，小时候的一些被压制的、压抑的情绪，今天仍然影响着我们的生活。现在作为家长已经是成年人了，我们可以重新处理小时候留在心里的那些情绪，丢掉压在内心的包袱，重新面对生活。

三是要处理创伤性事件。如果小时候经历过一些创伤性事件，比如被虐待、被侵犯等，这些事情看似已经过去，但实际上只是放在大脑中的边缘系统。当某件事情勾起回忆时，情绪往往就不被意识所控制地爆发。

四是学会放慢节奏。生活中难免会有忙碌和紧张的时刻，但是家长要学会放慢节奏，给孩子更多耐心和关注。家长需要认识到孩子与我们是不同的个体，有着不同的性格，一个做事雷厉风行的家长可能生养一个不紧不慢的孩子，很多时候这是先天因素决定的。孩子有自己的成长节奏，我们家长要学会"牵着蜗牛散步"，学会"静待花开"。

五是与孩子进行有效沟通。首先家长要尽可能专注倾听，当孩子跟自己说话时把注意力完全放在孩子身上，避免做其他事情，如查看手机或忙于家务等。其次要把孩子看成是跟自己一样的"大人"，用跟"大人"

的对话方式与孩子对话，少提建议、少打断、多提问，通过提问而不是直接给出建议或解决方案，来引导孩子表达自己的想法，问问题可以让孩子感到自己的意见受到尊重，尽最大可能不要在孩子谈话时打断他们，即使自己跟孩子的想法有所不同。选择合适的交谈时机也非常重要，尽可能不要在有外人的时候批评、教育孩子，如果想讨论一些相对深入的话题，可以选择一个没有打扰的时间和安静的环境，例如睡前，确保有足够的时间进行深入交流。另外，在交流时可以使用一些身体语言，如点头、眼神交流或将身体倾向孩子，以示在认真聆听，可以用自己的话来重述孩子所说的内容，询问孩子自己的理解是否正确，这也可以让孩子知道我们很重视他们告诉我们的内容。通过以上方法，家长可以更好地理解孩子的需要和想法，在教育孩子的过程中变得更加平和，有助于促进亲子间的信任和理解。

六是表达理解和支持。向孩子表达理解与支持能促进亲子沟通、增强孩子的自信和安全感。家长可以对孩子进行直接的言语肯定，使用直接的言语告诉孩子我们理解他们的感受，"我明白这对你来说很重要"，或者"我知道你尽力了，我为你感到骄傲"。家长可以尝试理解孩子的情感，倾听孩子讲话时，用类似的话语反馈他们的情感（马文燕，等，2023）。如"听起来你今天感到很沮丧"，这样说孩子会感觉到被理解，当然，如果表达不当，孩子可能会感受到不被理解，所以需要尽可能仔细倾听孩子以进行相对正确的反馈。可以进行适当的身体接触，如拥抱、手臂环绕、轻拍背部，有时"无声胜有声"，仅仅一个拥抱就可以让孩子感受到安慰和支持。家长应该充分尊重孩子、信任孩子，当孩子遇到困难时，问一问他们是否需要帮助，以及你如何能够提供支持，而不是告诉孩子你应该如何去做。家长可以给予孩子适当的责任，并信任他们能够完成，例如信任孩子选择的朋友、信任孩子可以自己完成作业，可以使用授权性语言，如"我相信你可以做得很好"，这是一种很强的支持。家长应该积极地了解和关注孩子的点滴动态，对孩子所关心的事持续表示关心，哪怕是小事，这样孩子会觉得他们的事情被重视。当孩子遇到问题时，展现出理解他们感受的同情心，而不是立刻给出解决方案，孩子其实跟我们成年人一样，有时候他们需要的仅是一个倾听者。

　　七是进行自我提升。家长可以有选择性地阅读一些育儿书籍，例如洪兰的《三分天赋七分教育》、盖瑞·查普曼的《爱的五种语言》、林文采和伍娜的《心理营养》、李玫瑾的《心理抚养》等，读书不仅能够丰富我们的精神世界，也帮助我们在不断变化的世界中保持竞争力和适应性，使我们能更加平和地面对世界。家长可以尝试练习冥想与正念，练习正念与冥想能够帮助我们减少压力、增强自我意识、提高专注力和情绪调节能力，从而促进心理健康。家长可以尝试改善自己的生活习惯，例如定期锻炼，参与体育活动或执行运动计划，锻炼身体同样可以保持精神健康，提升耐性和平和感；尝试自己做饭，营养饮食，改善饮食习惯，更多摄入营养丰富的食物，少吃加工食品，有助于我们情绪稳定。家长还可以通过旅游等方式扩展自己的视野，和不同的文化及生活方式接触可能会接触到新的育儿观点，参与当地的艺术和文化活动，有助于提升创造力和开放性，这也可能会转化出更好的育儿方式。家长可以通过写亲子日记的方式进行自我反思，记录自己的育儿体验和情绪变化，与孩子一起写日记，可以了解孩子的感受，也可以作为与孩子共同活动的一种交流方式。通过具体的行动和学习，我们逐渐得到自我提升，并逐步成为情绪更稳定、更平和的家长。

　　家长想要学会更平和地面对孩子，其根本是自己成长为一个更加平和的人，通过不断地自我修炼和自我提升，相信我们一定能变得越来越淡定从容，能越来越平和地面对生活。

　　下面我们通过一个具体的案例来了解通过平和的方式来面对孩子成长过程中遇到的问题。

　　小明是一位初中生，最近数学成绩下滑严重。他的母亲发现后，心里非常焦虑，并且准备严厉地质问小明，要求他解释成绩下降的原因。但是，在与小明交谈前，她回想了自己作为孩子时被父母责问的感受——恐惧、抵触，甚至有时候会用撒谎来避免惩罚。因此，她尝试采用一种更平和的方式来处理这个问题。

　　她告诉小明："我知道你能做得更好，我们一起来找出提高数学成绩的方法吧。"小明随后表示需要家长的帮助，小明妈妈也承诺帮助他找到家教或者一起复习课程，并表示不管成绩如何，母亲都会支持他，相信他能够提高成绩。

通过这样的处理方式，小明感受到被理解和支持，而不是感到害怕和孤立。通过这样的处理方式，孩子的积极性得到提高，愿意和母亲一同努力解决问题，而母亲的平和态度也为母子间未来的教育互动设立了积极的基调。

教养好孩子并不是一件容易的事情，因为教养好孩子的关键不在孩子身上，而是在家长，所以首先要完成家长自己的成长和蜕变。家长做不到态度平和，会给孩子的学习、生活带来一系列的不良后果，这就告诉我们一定要好好学习，用心修炼自己、成长自己，"陪伴孩子的成长是家长的一场修行"，孩子是上天送来的礼物，是我们的天使，在陪伴孩子成长的过程中，也一定会让家长成为更好的自己。让我们用心感悟，做一个态度平和的家长。

家庭教育故事：心态平和，快乐常在

家庭教育中我一直引导女儿：在任何环境下都要努力以平和的心态来面对，要相信一切都有最好的安排。

记得前两天因暴雪，在送她去学校的路上，到公交车站的时候，我发现下一班车离我们还有将近一个小时的行程才能到达。我就建议她说陪她一起步行到学校，然后，我会再跑步七公里去上班，最后女儿同意了，因为我们以前就有过一个约定，要一起挑战突破自我。而那天刚好是个机会，我俩就冒着大暴雪走了将近五公里。我们一路上谈着暴雪给人们生活带来了诸多不便，但是对于北方的小麦又非常有利，就给她讲起了"今冬麦盖三层被，来年枕着馒头睡"的民俗谚语，还有一些环卫工人的辛苦、公交司机的不易。我们还聊到了"哪有什么岁月静好，总有人在为我们负重前行"，最后女儿也聊起了她在学校的趣事。时间过得很快，我们也在预计的时间内到达了学校，虽然迟到了五分钟有些影响情绪，但我也很欣慰，老师已经说了，因下着雪，迟到不会被"记录"，但是一个老师眼中的好学生是不能为自己的迟到找借口的！这也是我一直在她面前引导的。

时间回溯到女儿三年级，这也是我经历过才体会到的。那次考英语她发挥失常，因为她语文、数学成绩一直都是很不错的，而英语虽然是门新学科，但是每次放学回来后，我都辅导她，而且每次她都说能够听懂，都会，可真正考试了，成绩却不理想。记得回到家后我就开始了三连问："为什么考不好，上课注不注意听讲？作业有没有按时完成？怎么考到这种地步？"我看到她一直努力地不让眼泪掉下来，这也许是她最后的倔强吧，也可能是她的委屈，无奈，不知所措……现在回想起来，她当时应该是比我更难受，作为班级的英语课代表，考试成绩却不理想，回家后又被爸爸责问。之后，我们就进行了对事情的分析：听力不懂，还是单词不会写？哪里有盲区？哪里有盲点？考试是在检测我们之前的学习效果，也是在修正我们未来努力的方向。其实，现在想来那时的我们太过于看重成绩了，孩子考得满分，父母就会喜上眉梢，孩子考得不好，父母就另一个脸色，甚至好一顿狂风暴雨。就是一次考得不好又能说明什么呢？

后来我们也在默默地学习检讨自己：我们更应该调整好自己的情绪，关注孩子的心理变化，孩子才能把内心的真实想法告诉我们，一起分析事情的原因，是因为什么导致有如此的结果，再对症下药……

记得前几年我刚踏入新的工作岗位，进入新环境时，有一段日子面对的工作压力很大，虽然每次下班回家前也都在努力地调整不要把种种负面情绪带入家庭，可事实上不是每次都能做到。那次女儿期中考试，本来有机会能够拿更高名次的，但是却连续错了三道选择题，我就顺口问了句，是题目不会还是因着急选错了呢？女儿说是早上第一节课考的，是我早上的时候影响了她的情绪……当时听后我深深地自责。生活中有太多的无奈，其实很多道理我们都懂，可我们却很难做好。我们应该和孩子一样，也应该不断学习，以便能够做孩子永远的伙伴！

现在，我能够理解女儿"学习的不易"。很多时候，我们知道并不能代表我们能做到，我们能做到，也未必就能做好。在生活中能够以实际行动证明出来，更有感染力，更有生命力！要学会换位思考，站在对方的角度去看待；不管遇到什么事情，都要相信一切会越来越好！

作者：宋现礼

点评：幸福的家庭，不是孩子妈妈从来不发脾气，而是她即使有坏情绪，也能在孩子爸爸那里得到疏导，不会迁怒于孩子。有一位情绪稳定的爸爸，孩子妈妈和孩子都会是受益者。

作者通过讲述陪伴女儿成长的过程，让我们看到了一位情绪稳定的孩子爸爸，用自己的一言一行给孩子做着榜样。雪天没有等到公交车，就陪着女儿边走边聊，一个小时的风雪上学路，也是为了引导孩子让她有一颗不服输的上进心，努力地让自己更加优秀。为了把自己稳定的情绪带回家，给家人更好的爱，每次下班回家前也都在努力地调整，不要把这种负面情绪带入家庭。在一次次的小事中，女儿感受到了爸爸的爱，这让她安全感十足，勇敢面对一切，不向困难低头。（点评人：烟台市福山区门楼兜余小学　胡晓玲）

家庭教育故事：平和——家庭教育"智慧"

第一次做家长，毫无经验，更没有奢望过自己能做个有"智慧"的家长，但是我还是尽量要求自己在处理孩子的问题上能尽量地换位思考，控制自己的情绪，尽量做到"平和"。

一天晚饭后，我陪着公公婆婆正唠着家常，孩子因为无聊，着急回家看电视，三番五次嚷嚷着要走，他爸爸顿时火冒三丈，严声禁止，像是觉得孩子太不懂事，只想自己。孩子顿时横眉冷对，眼泪汪汪。公公婆婆见状催促我们离开。上车后，孩子把脸转向一边，还在不断抽泣着，我当时快速整理了一下自己的情绪，尽量站在孩子的角度考虑这个问题：一个三年级的小孩，是不知道我们跟爷爷奶奶唠家常的意义，还是就是自私自利，只想自己的得失？我觉得不能武断地认为是后者。于是我跟孩子解释道："人老了，最需要的是子女的陪伴。每年的母亲节，妈妈都带着你给奶奶、姥姥买礼物，为什么呢？因为她们平时为我们那么辛苦地付出，我要让她们看到作为子女的心意；饭桌上，我总给奶奶夹菜，为什么呢？因为她总不舍得吃不舍得穿，总想把最好的留给我们；每次奶奶给钱、给东西，妈妈总是再三推辞，为什么呀？因为他们辛辛苦苦一辈子，攒个钱不容易，多一分也不舍得花，我怎么能花他们的钱呢？你看，他们能把一切都给我们，我们能回报什么？拿出自己的一点时间陪陪他们都不舍得吗？"孩子慢慢停止了抽泣，偏向一边的头也慢慢地转向我，但是仍然低着头若有所思。他当时在想什么我不知道，我的解释是否能让他理解我也不确定。但是，从那次之后，慢慢地我发现：饭桌上，他会有意地把排骨放到奶奶的碗里；很长时间没回家，一进家门，直男的他会给奶奶一个令我惊讶万分的拥抱。

一直到有一天，婆婆因为大孙子考试得了全校第一，高兴地拿出了200块钱做奖励，儿子死活不要，婆婆满脸通红地朝着在院子里还不明情况的我喊："是不是你，是不是你不让孩子拿？"说得我一头雾水。离开家后，我问最终也没拿钱的儿子为啥不收奶奶的钱，儿子很坚定地说："爷爷奶奶收入很少，又不舍得吃穿，我哪能要他们的钱。"我调侃道："姥姥挣得多，姥姥给就要了吗？"他说："都一样呀，老人的钱都不能要，妈妈都从来不要，我考好了是应该的，等我将来挣了钱给他们花。"现在一米八的他，一回家还会把矮个子的奶奶揽到怀里，不论爷爷奶奶姥姥姥爷说什么、嘱咐什么，都毕恭毕敬地回答"好的""知道了"。我很庆幸，那次我跟他平和地解释打开了他面前的一扇窗，不仅让他没有怨恨和埋怨我们，更让他把妈妈当成了一面镜子，让他从小就能成为一个体谅老人、尊敬老人的人。

在这个电子产品充斥社会各个角落的时代里，怎样能让儿子不沉迷电子产品是我和他爸爸最苦恼的一个问题。我们想来想去，也只能从自身做起。自从有了他，家里的电视只有他能每天看两集动画片，或者一起看一下有意义的节目，例如奥运等。但即使这样，有一次，他上学回来，犹犹豫豫、磨磨蹭蹭，终于挨到爸爸身边跟爸爸提了一个建议："爸爸，我觉得你可以玩一下王者荣耀，你放心，我不玩。"我当时就被他这大胆的提议吓了一跳，要知道"游戏"这个词在我们家可是明令禁止的。我紧张地看向爸爸，很害怕他又控制不住自己的情绪。我想当时我们俩也都明白他心里打的小算盘：因为同学都玩，他很羡慕，但是他从小让我们灌输的思想是不应该玩游戏，所以如果爸爸先玩了，他还可以在旁边看看甚至有机会上手。令我没想到的是爸爸当时就心平气和、云淡风轻地回复："我不下载这个游戏呀，因为爸爸的自制力也没有多好，如果我下载了，就会不自控地把大把的时间浪费在这个无意义的事上，爸爸还有很多应该做的事呢。"我当时很佩服爸爸的语言智慧，没有指责不应该想什么、做什么，而是说我应该做什么。我也很庆幸爸爸能换位思考，能想到他还只是一个四年级的孩子，能想到他在周围所有的人都玩游戏的情况下，他的羡慕、他的争取都是那么的理所当然。他应该被理解、被接受，他需要的不是制止，是疏导，是心甘情愿地做出自己正确的选择。爸爸那次平和交流的结果就是，从那以后，他再也没有提过想玩网络游戏的要求。

为了让他看书，我和他爸爸都把手里的手机换成了纸质书，他不爱看书的时候，过来看看我们俩还在坚持，自己就很不好意思地重新拿起被丢下的书。我们做这一切只想给他传达一个信息——人应该把时间放到有意义的事上。疫情期间，在家上网课，有一次，我偷看了他上课时的聊天记录，发现他班私下建的班级群里都炸开了锅，可是在里面他没有说一句话。我就试探着问他："同学们都聊天，你参与吗。"他气愤地说："太无聊了，我不会把时间浪费在这上边。"我顿时放心了，因为我知道他有了明辨是非的能力，他有了有效地安排自己时间的想法。现在的他上初三了，手机、平板对他从来不设防，因为他已经能非常好地规划玩和学的时间，他也因为没有把大把时间放在游戏这件事上，在他最关键的这几年的成长期，培养了自己的很多爱好，他酷爱足球，较爱弹琴，即使在乘坐飞机、动车出门旅游时，也习惯性地掏出纸质书来看。我很庆幸因为爸爸的坚持、爸爸的平和、爸爸的自律，让儿子又把爸爸当成了一面镜子，让他在游戏浊流的冲击下，自然而然地融入了那股清流，自尊自爱、自律自强。

对于我们家而言，最大的教育"智慧"就是平和交流，以身作则。让自己成为孩子的镜子，孩子才会成为家长的影子。

作者：王丹丹

点评：《平和——家庭教育"智慧"》是一篇充满温情和智慧的家庭教育实践分享。作者王丹丹以自己的亲身经历，展现了如何在日常生活中通过平和的态度和换位思考来引导孩子，培养他们的同理心、自尊自爱和自律。

文章首先通过一个具体的生活场景，描绘了家庭成员间的互动和孩子的情绪反应。作者在处理孩子因为想回家看电视而产生的不耐烦时，没有选择简单的训斥，而是选择了理解和沟通。这种平和的教育方式，不仅缓和了紧张的气氛，也让孩子开始理解家庭成员之间的情感联系和责任。通过这样的教育，孩子逐渐学会了关心和尊重长辈，这是家庭教育中非常宝贵的成果。

接着讨论了如何在电子产品盛行的时代中，引导孩子远离游戏的诱惑。作者和丈夫通过自身的榜样作用，以及对孩子的理解和引导，成功地让孩子认识到应该将时间投入到更有意义的事情上。这种教育方式不仅避免了直接的冲突，也让孩子在自我探索和自我约束中成长。

最后，文章通过描述孩子在学习和生活中的表现，展示了平和教育的长期效果。孩子不仅在学业上有所成就，更在品德和兴趣爱好上展现出了积极的一面。这种教育智慧，让家庭教育不再是单向地灌输，而是双向地理解和成长。

总的来说，这篇文章提供了一种值得借鉴的家庭教育模式。它强调了平和、理解和以身作则的重要性以及在孩子成长过程中，家长作为榜样的作用。这种教育方式不仅有助于孩子形成良好的价值观和行为习惯，也促进了家庭成员之间的和谐关系。作者的分享无疑为那些在家庭教育道路上探索的家长们提供了宝贵的经验和启示。（点评人：烟台市福山区门楼兜余小学　胡晓玲）

家庭教育故事：平和教育从"心"开始

从呱呱坠地到咿呀学语，再到今天的亭亭玉立，孩子的一举一动都牵动着妈妈的心。十年前，我有了一个新的角色——妈妈。我从一个毫无经验的新手，变成了今天的"育儿能手"。

记得孩子刚上小学时，我开启了各种担心。怕她冷了、怕她热了、怕她不会交朋友，怕她被欺负、怕她不知道怎么和老师沟通……经过了一段时间的学校生活，感觉自己担忧过度了，孩子交了新的朋友，适应了新的生活，从每天分享的趣事中我深深感受到了她的快乐。

随着孩子的长大，她逐渐有了自己的想法，渐渐地变得不听话、渐渐地有了许多不好的习惯。会和妈妈顶嘴，不再像小时候一样会按照妈妈说的去做，仿佛一夜之间以前那个乖巧、听话的宝宝不见了。面对孩子的变化，我的内心着急、彷徨，不知道该怎么办，从最开始耐着性子的口头教育到后来的吼叫，再到后面的骂、打。惩罚越来越重，但教育的结果却越来越糟糕。孩子越来越叛逆，对我也不像小时候那么依恋。这时候我也觉得不能再这样下去，我需要转变思想，学会尊重、理解孩子，用温柔、平和的态度去对待孩子的每一次叛逆。

记得有一次孩子考得很差，回来后还在那洋洋自得，我心里的火腾地一下就烧了起来，朝着她一顿大喊大叫，还重重地打了她一顿。俗话说打在儿身，疼在娘心。打完后自己感到莫名的心疼和委屈，一个人偷偷地抹着眼泪。脑海里全是她小时候天真的笑容、可爱的声音。觉得自己怎么那么狠心，竟然打了自己的宝宝。她看到我难过，不顾自己的疼痛过来抱着我说："妈妈对不起。"看到孩子的样子，我觉得我真的是有点过分。在那一刻，我决定要改变自己的教育方法。哪里有问题我们就解决哪里的问题，暴力打骂解决不了任何问题。我叫来了孩子，给她道歉，妈妈是一时情绪失控，请原谅妈妈，我们一起来分析下这次的卷子。她也知道自己错了，很配合地拿来卷子，我们一起一个一个地分析错误的原因，并找到一个专门的本子作为错题本，将答错的题目抄写在错题本上，并且约定以后每周都要将答错的题目抄在错题本上，每个周末将上周抄写的题目重新做一遍。一个月后，再从错题本上挑选几个题目让她重新做。如果全对了，就会得到相应的奖励，并满足她一个小小的愿望。如果答错了继续整理错题。反复这个过程，她也欣然接受。

这以后，当孩子弹钢琴觉得枯燥想要放弃时，我会跟她一块弹，会主动满足她当小老师的愿望，让她反复地教我。还会奉承她为"小王老师"，她也很开心，不厌其烦地教我"小老鼠钻山洞"的指法。我和爸爸还会请她开演唱会，每演奏一首好听的曲子，我们会根据曲子的难易程度花不同的价钱"买票"，请她表演。这样的方式明显提升了她练琴的热情。当她跳绳觉得很累，坚持不下去时，我会在旁边给她加油，也会跟她一块跳，我们一人100个，轮流跳，看着她汗流浃背而又兴奋的样子，我感觉到深深的满足。当孩子背诗想要放弃时，我会附上她喜欢的歌曲，请她以唱歌的方式将诗唱出来，听着她欢快的嗓音，我仿佛听到了世界上最好听的歌曲。当遇到不会的题目时，我又会和她一起讨论，让她自己理解题目的真正含义，从而可以自己将题目解答出来。我还会在一旁不断地拍马屁，"哎呀，这是谁家的闺女这么聪明，自己都能做出来。"看着她做出来题目时洋洋得意的样子，我也打从心底里开心。

我和女儿还有一个共同的日记本，女儿在上面书写自己的心情，而我则在旁边发表我的看法。女儿有时落寞，只在日记本中留下一个杂乱的涂鸦，我会在旁边书写祝福和鼓励的话，慢慢疏导她。当她遇到开心的事情时，我也会在旁边很配合地表达我的开心。当她觉得我有些做法不对时，我也会诚挚地给她道歉，她也会非常乐意地原谅我。小小的日记本记录了我们生活中的点滴，留下了美好的回忆，也成了我们倾诉心声的渠道。在笔记本的世界里，我们不再是母女，而是可以互相倾诉心事的好闺蜜。

路漫漫其修远兮，吾将上下而求索。我是在摸索中前进，在探索中成长。一边汲取他人的经验，一边结合自己孩子的特点来开展教育。我会蹲下身来看看孩子的世界，想象一下孩子的想法，体会一下孩子的感受。我不再是孩子的妈妈，而是孩子的朋友、玩伴。以孩子的眼光看问题，听孩子说，尊重孩子的想法。不求此生匆匆过，但求每日都成长。人愤怒的那一瞬间，智商可能会是零的，过一分钟会慢慢恢复正常。每个人都有他自己的人生，每个孩子都是独一无二的，接纳孩子原本的样子，接受孩子的平凡。我希望她来到这个世界不是白来一趟，能有愿望和能力领略它波光潋滟的好，并以自己的好来成全它的更好。

父母是孩子成长的第一任老师，也是陪伴孩子成长过程中任期最长的老师，我们的一言一行对孩子的影响都非常重要。每天在与孩子的陪伴中修炼自己，陪伴孩子的过程也是一种修行，他的成长只有一次，我的成长同样只有一次，让自己和孩子共同变得更好。

作者：王红梅

点评：《平和教育从"心"开始》深刻地阐述了家庭教育中平和与理解的重要性。文章通过作者作为母亲的亲身经历，展示了在孩子成长过程中，家长如何从焦虑、担忧到逐渐学会平和、尊重和理解孩子的心理变化过程。

作者坦诚地分享了自己在孩子成长初期的过度担忧，以及随着孩子逐渐独立，自己如何面对孩子的叛逆和挑战。通过自己的反思和实践，意识到了暴力和惩罚并不能解决问题，而是需要通过平和的教育方法来引导孩子。这种转变不仅改善了母女关系，也促进了孩子的积极成长。

作者在文章中提到了多种具体的教育策略，如共同分析错题、一起弹钢琴、轮流跳绳等。这些活动不仅增强了亲子间的互动，也激发了孩子学习的兴趣和动力。此外，作者还强调了与孩子共同记录日记的重要性，这成为母女间沟通和理解的桥梁。

文章的核心观点是，家长应该成为孩子的朋友和玩伴，以孩子的视角看待问题，尊重他们的想法和感受。这种教育理念强调了家庭教育中的平等和尊重，以及家长在孩子成长过程中的自我成长和修行。（点评人：烟台市福山区门楼兜余小学　胡晓玲）

第十一讲　民　主

家长朋友们，我们知道，每个家庭都有着自己的类型特点和教养方式，深深影响着孩子的成长。美国著名心理学家鲍姆林德将教养方式划分为三类：权威型、专制型和放任型。之后有学者对此做了进一步的拓展，认为鲍姆林德所提出的不同教养方式的差异主要存在于两个维度：要求（demandingness）和回应（responsiveness）。……依据要求和回应可以得到四种教养方式：权威型（高要求、高回应）、专制型（高要求、低回应）、放任型（低要求、高回应）和忽视型（低要求、低回应）（朱晓东，等，2023）。与这四种教养方式对应的就是放纵型家庭、专制型家庭、忽视型家庭和民主型家庭，这几种类型的家庭有怎样的亲子互动方式呢？我们一起来看一下，从中也可以判断一下我们的家庭属于哪一种类型。

放纵型家庭：父母对孩子低要求、高回应反应。他们会放任孩子做任何孩子自己想做的事情，很少对孩子提出要求。对于孩子做错的事情，他们很少帮助指正，也不会告诉孩子怎么做可以更好。在这种模式下长大的孩子往往心智晚熟，存在很强的攻击性。他们以自我为中心，不善于与外界合作。

专制型家庭：父母对孩子高要求、低回应反应。他们不能接受孩子没有满足自己的期待。在这种模式中成长的孩子，可能给他人的感觉是很听话、很懂事的，但很少有独立意识，自我调节能力较差。他们常常会感觉不快乐，经常处于焦虑之中。

忽视型家庭：父母对孩子低要求、低回应反应。他们很少和孩子进行亲子互动，对孩子缺乏最起码的关注。当孩子的事情需要父母花费时间和精力时，他们一般都会拒绝。给孩子的感觉就是父母并不在乎自己的好与坏。在这种模式下，孩子具有较强的攻击性，很少能做到换位思考，对人缺乏基本的关心和热情。

民主型家庭：民主型家庭是父母与子女在认识、情感、行为上协调一致性较高的家庭。民主型父母会鼓励孩子独立，温和地询问孩子的意见，在悉心引导中，帮助孩子做出独立的决定。因此，在民主型家庭成长的孩子，会具有独立的思考能力和平等待人的意愿。

家长朋友们，通过以上对比分析，我想，构建民主型家庭，讲究民主，做民主家长，应该是我们无二的选择。

一、民主家长的内涵

民主家长有两大特征。第一，能捕捉并准确分析孩子心理的变化。这里的捕捉，是日常生活中的观察，注意观察孩子的行为，通过行为来分析孩子的心理变化，这里的观察是家长不带评判性语言的观察，能看到孩子独立自主的一面，对孩子的自主行为给予支持、肯定；对孩子的过失不指责，而是分析、判断；孩子是在错误中长大的，如果孩子是在尝试，在探索，出现过失再总结，再尝试，再探索，作为家长就要创造适合孩子成长发展的环境。第二，尊重与坚持原则。原则是不可逾越的底线，有一些是不需要商量直接教给孩子的，如安全、常规、品德、爱国、文化等；尊重还体现在家庭公约上，在制定家庭公约之前应充分尊重每位家庭成员，当家庭成员共同做出约定后，就会共同坚持原则，父母与孩子既要相互尊重，又要共同坚持原则。

可以看出，民主型家庭或民主家长，肯定孩子的独立自主，理解、尊重孩子，坚持原则，而又不是一味妥协。在民主型家庭中长大的孩子，独立意识强，创造性、主动性高，善于与人合作，社会责任感强，意志较坚定，而又不失灵活性。

宋庆龄的父亲宋嘉树，在教育子女方面很有一套，他既是孩子的父亲，又是他们的朋友。宋霭玲有音乐和表演才华，宋氏夫妇便努力做大女儿表演的最佳"搭档"。宋庆龄生性稳重、腼腆，不过宋嘉树为孩子营造的生活环境和气氛，也使宋庆龄非常受益，在这样宽松的环境中长大，安全感强，她就能主动地、坚定地去创造。宋庆龄长大后成为一位既富有爱心，又敢于同邪恶势力作斗争的伟大女性。可见，在民主的家庭环境中长大的孩子敢于大胆追求梦想，去做最真实的自己的可能性极大，这也正是父母们所希望的。

石油大王洛克菲勒非常重视对子女的教育，在洛克菲勒看来，营造良好的家庭氛围对孩子的健康成长至关重要，家庭氛围对孩子的成长会有潜移默化的影响。这是一种无声无言的教育，对孩子的世界观、人生观、价值观、为人处世、行为习惯等各方面都会有重要的作用。洛克菲勒和妻子一贯注重在孩子面前的表现，孩子也可以充分表达自己的思想，父母和孩子之间的思想和情感交流比较多，他们对家庭成员中的每个人都十分信任，并且注重营造良好的学习氛围，这样的家庭属于民主型家庭。在这样的家庭中，父母和子女互相尊重，相亲相爱，家庭氛围民主、活泼，因此培养出来的孩子也比较开朗自信、富有积极的心态和灵活的思维。

当然，如果我们不明白民主的真正意义，那民主就是随意的、没有原则的，会为孩子的成长带来伤害。在《赢未来行知工作坊》的课堂上，一位妈妈分享了自己孩子的故事：孩子今年12岁，上初中后越来越有主意，经常自作主张，什么事都不愿和父母商量，放学后和同学玩也不再打招呼，尤其是最近，父母发现孩子不愿意写作业。孩子吃过晚饭后，不是看电视就是打游戏，作业拖到很晚才动笔，且只是应付了事，作业质量越来越差。爸爸妈妈跟他讲道理，他答应得好好的，但坚持不了两天，就又变成老样子。据孩子妈妈说，家人都是比较民主的，从小对孩子不是特别严厉，也从来不会不经孩子同意逼孩子做事。也许，这样的民主有些过了头，孩子不想去做的事，哪怕应该做，但孩子要是坚决不同意，也就不再坚持了，心里想的是既然讲民主，就不能逼孩子。所以现在，只要是他不愿意做的，就会找各种各样的理由和借口，家人态度稍有些强硬，孩子就说父母心口不一，不讲民主，父母不知如何是好，变得十分焦虑。

另外，非民主型教养方式可能将孩子推向网络深渊。一个人对互联网的爱好来自他对互联网的接触，以及其与朋友和亲戚的社会关系，儿童的网络使用行为离不开家庭和同伴的影响。良好的家庭氛围是帮助孩子抵御网络诱惑的保护伞，在民主型家庭中成长的孩子拥有最好的自我控制力，他们能够欣然接受网络使用规则，并科学合理地自我管理互联网使用时间。大量研究表明，许多没有得到足够家庭支持的孩子更有可能通过上网来填补内心的空虚，……其用网行为以及对互联网的认知则可能或多或少地存在一些问题（刘冰冰，等，2022）。

两相比较之下，我们想为孩子营造怎样的家庭氛围就不言而喻了。

二、如何做一个民主家长

权威和专制两词在英语里很相像，容易混淆。在我国，我们中有很多人在认识上也存在一个误区，认为专制管理能够树立权威。事实上，专制的家长只能让孩子惧怕、疏远，并不能让孩子尊敬。权威型家庭的育儿风格是积极的、支持的、民主的、交流的、严格要求的和温暖的。这种风格通过规则的、理由充分的双向交流，向子女提供思想，同时也充分了解子女的思想。

（一）要遵循原则

民主是建立在原则基础之上的，所以我们教育孩子就要统一目标、统一思想、统一行动，这样才能更好地推动孩子进步。

美国著名作家马克·吐温是一个个性鲜明的作家，他的小说语言简练生动，风格幽默诙谐，他对孩子的教育也像他写的小说一样，充满了幽默、轻松的情趣。在他的家庭里，父母和女儿之间始终保持着一种平等、民主和相互尊重的关系，洋溢着和睦融洽的气氛。父亲不会摆出一副长辈的架子，从不训斥女儿。但当孩子有了过失，马克·吐温也决不姑息，让她们记住教训，不再重犯，只是，马克·吐温惩罚女儿的方式与众不同，那就是让孩子自己选择惩罚的方式（程立海，2007）。

（二）接纳、尊重孩子

在第九讲详细讲过接纳，在第十二讲会讲尊重，所以在这里具体说三点：

一是接纳孩子与众不同的想法，鼓励孩子发表不同看法。据美国心理学家托伦斯研究发现，创造力高的孩子特点之一就是淘气、处世固执（黄河清，2003）。如果我们的孩子喜欢提问，有独立见解，说明孩子思维活跃，未尝不是好事。

我国资深外交家李肇星和夫人一直以自己的儿子为骄傲。李肇星夫人在谈教子心得时曾说过，孩子喜欢摇滚音乐，尽管父母都对此不感兴趣，但是也不会干涉，毕竟两代人兴趣是会有差异的（王成，等，2009）。这是父母对孩子兴趣爱好的尊重，接纳尊重不同和差异。

二是承认孩子是独立的个体，尊重孩子的隐私。父母要重新划定和孩子的边界，尤其是青春期的孩子。因为青春期孩子的心理发展导致其自身会更需要比以前更坚固的边界，会对门、锁这些象征边界的东西特别感兴趣。其中最重要的是一扇"门"，孩子慢慢有自己的秘密，有自己的情绪和感受，希望不被别人影响、知道，即使父母也不行。当然，划定跟孩子的边界，不意味着不和孩子交流，只是意味着父母需要学会敲门，尊重孩子拒绝的权利和隐私。

三是给孩子更多的选择权。家长常常不自觉地替孩子选择，很多年轻的父母在新的教育观念影响下，开始注重孩子各方面能力的培养，希望自己未实现的愿望将来能在子女身上得到实现，往往对孩子期待过高、要求过多，为孩子选择很多兴趣班，想多多培养孩子的兴趣和爱好。培养兴趣和爱好是没有问题的，前提是对孩子兴趣爱好选择权的尊重。就好像球王贝利的父亲发现儿子抽烟时一样，把可能性和利害关系一一摆在贝利的面前，让贝利想清楚自己想要的是什么，引导他做出正确的选择。

有一次遇到一家三口，孩子已经很大了，父母一直说孩子的各种问题：没有主动性、不跟人社交、学习不够积极，等等。明明说的是孩子的事，孩子在旁边却一言不发。我问孩子："父母说的都是你的事情，你自己没有意见吗？"孩子说："刚开始我也会有一些意见，可是我的父母会说都已经安排好了，好像我的意见无关紧要。后来我也不想发言了，就让他们安排吧！"父母一直希望孩子主动，可是却没给孩子主动选择的机会。

所以，与其替孩子选择，不如引导孩子学习怎样进行选择。比如，孩子可以自主选择游戏、图书、衣服、朋友等，孩子长大了要自己选择职业、婚姻对象等。我选择，我承担。孩子根据自己的想法进行选择的同时，也学会了为自己的选择承担责任。

同时，我们会发现孩子做选择是需要勇气的，勇气从哪里来呢？从我们的支持、鼓励中来。我们的支持、鼓励、肯定和赞赏赋予了孩子选择的勇气。

第三，多陪伴孩子，增进亲子关系。其中，亲子游戏是我们和孩子交流的重要方式，在很大程度上会影响孩子社会交往能力的发展。良好的亲子互动可以营造更和谐的家庭氛围，也是构建民主型家庭的重要方法。

游戏对孩子来说是不可缺少的，由于许多父母上班忙于工作、经营，下班又要忙于家务，就很少主动参与孩子的游戏。

马克·吐温有三个女儿，他对她们无限慈爱，舐犊情深，家中充满了温馨。从女儿刚开始懂事那一天起，他就让她们坐在自己就座的椅子扶手上给她们讲故事。故事的题目由女儿选择，她们常不假思索地拿起画报，让父亲根据上面画的人或动物即兴编故事。马克·吐温虽然可以毫不费力地编出一段生动的故事来，但他每次都非常认真，从不敷衍（王米，2013）。这段共度的亲子时光是孩子们珍贵幸福的童年回忆，一直滋养着孩子们的内心。

（三）建立一致性沟通模式

建立一致性沟通模式是构建民主型家庭的有效方法。有一次，有一个初中生和我说："我原来在学校里遇到一个老师，总是骂人，对我也不友好。当我回家告诉我妈妈的时候，你猜我妈妈怎么说？她说，我们不能控制自己没法控制的事情，而是应该想想这种挫折给我带来了什么磨炼。听完之后，突然就不想再继续说话了。"

这位妈妈说得也没错，她也只是想安慰孩子，可是在孩子听来，实际上是在否定自己的感受，这样的沟通模式不但起不到沟通的效果，反而容易让亲子关系变得更疏远。所以家庭中要建立一致性沟通模式，这种模式首先要做的就是倾听并接纳对方的感受，然后表达自己的感受和想法，不带任何批判和评价。孩子会感受到被看见、被理解、被同理、被尊重，即使你并不能真的帮到孩子，但是我们提供的情绪价值，会带给孩子巨大的支持和力量去解决当下所面临的问题。

总之，民主是好家长的核心素养之一。我们希望每一个家长都是民主的家长，都去努力建设民主型的家庭，让家庭成为孩子健康成长的沃土。

家庭教育故事：无法击败的一生之敌

这个一生之敌，就是我的儿子。第一次见他，只知道自己真的爱这个小小的家伙，此后十几年，便一直在苦思冥想应该怎么爱他。

两年前，第一次和儿子一起踢足球，队友们喊他小郭。从那天起，我也完成了不知不觉的升级，变成了球场上的老郭。

从那之后，我也习惯叫儿子小郭。我还告诉小郭，你可以叫我老郭。

小郭呢，还是叫我爸爸。他告诉我原因——在学校里，同学们已经叫他老郭了。

五年半前，小郭上一年级，他坚决地拒绝背诵汉语拼音字母表，后来又坚决地拒绝背诵乘法口诀表。我当然知道这种东西的记忆是很枯燥乏味的，而小郭此前的成长过程中是从未有过这样的经历的。

这是我面对的小郭在读书时期的第一个难题。

自己上学的时候就曾经决定，以后有了孩子，不会让他在读书中感受到太大压力。但是汉语拼音和小九九这种东西，未来在生活中是必不可少的，即便以后他不读高中，不上大学，乘法口诀也不能不背啊！

于是乎，我上百度搜索到底应该怎么办，还去知乎上提问，我想找一个方法，可以让小郭不枯燥、不乏味地背诵乘法口诀。

那段时间我的抖音平台上兴趣推荐的内容都是如何教孩子快速背诵乘法口诀。很快我就意识到这些让我得到的只有零收获。

当时我想，孩子千差万别，别人的经验和思考多数情况下不适合自己的孩子，花朵的命运不是人类的命运，人类孩童的培育是没有技术规范可言的。

既然所有方式都不行，就粗暴一点吧。

我抄起家里的痒痒挠，朝小郭的屁股上敲了好几下，他哭得很厉害。一边哭一边喊"爸爸不爱我"，我十分难过，从他的哭声中我能够感受到他对世界的疑惑以及对自己父亲的失望。

最终，他把汉语拼音字母表和乘法口诀表都背下来了，屁股上被打得一条条的红。

那以后，小郭在这种压迫之下，对于一些该记住的东西也终于记住了，小学阶段基本也没了压力。

但是上了初中，我在教育小郭的问题上，产生很多认知上的反复。作为成年人，在没有经验的方向上的探索，有时候与孩童是没有区别的。

一年以前，我看到一个非常有意思的纪录片，视频里一个日本的孩子在自己6岁的时候就立志将来要当一位农民，长大后，他果然也成为一名日本农民。

因为自幼就想成为农民，所以他小时候在读书学习，以及在日常的玩耍、生活中，对于农业知识一直特别留意，后来他当农民也是非常得心应手，看起来生活乐无边。

我当时就在想，或许人的一生就应该这样生活。小郭应该有自己的选择，无论将来是成为一名农民，还是成为一名厨师、理发师，人生是否有所得与是否刻苦读书、辛苦上学应该没有必然的联系。

只要他的一生，最后能获得自我认可的存在意义，我作为父亲都应该是给予完全支持的。

加上这三年来自己的工作变得复杂，闲下来的时间变得很少，所以这个观点很快就占据了我的内心。有了这些想法之后，对于小郭的学习我也不特别在意了。与此同时，孩子的成绩下降得也很快，家里的其他人很着急。但是我当时坚持认为，这样的小郭，是可以的。

很快我的看法又发生了改变，老家有一位在改革开放初期先富起来的90岁老人，一次我看到他居然偷偷在车里痛哭。这么大岁数的老人偷着哭，那得是多么心酸的事情啊。

打听他的孙子我才知道，原来已经90岁的老人虽然事业很成功，但是他那个已经60多岁的儿子每天除了玩牌就是吃喝，对于所有的事情都不关心，甚至把老人给他买的车库手续和钥匙弄丢，还忘记车库的位置。

其实一个车库弄丢了，对于这位老人的财富体量来说，根本不至于哭泣。

我感觉自己又有些清醒了，老人哭泣的是自己那永远不可能再回来的教育自己儿子的时光。虽然自己已经家财万贯，但在自己的生命眼看到了尽头的时候，多少财富和荣光，都不可能平息自己内心对于自己儿子的担忧和愧疚。

那一瞬间我想了好多的故事，其中甚至有苏格拉底在申辩的审判席上的情形，这位伟大的思考者为死亡和生存做最后辩解时，提到的是自己儿子的教育和德行。

我自然更是想到了自家那个学习成绩日渐下降，而且看起来已经有点叛逆的小郭。他似乎并没有像那个日本纪录片里的小孩子一样，有了一个平淡或者不平淡的目标，他甚至仍然不知道人生理想为何物。

此时，当我重新反思自己的认识，很快就发现了此前的认知破绽，不同的国家和不同家庭的孩子，他们选择命运的方式是不同的。个中的原因千千万，但面对和接受现实是永恒的。

鉴于环境，对于我，对于小郭，我们有我们不得不走的路。

但是，当我决定重新再去把自己的儿子管起来，让他努力学习的时候，我又发现，似乎有点来不及了。因为小郭又开始拒绝我所有的要求了，这次与小时候拒绝背诵乘法口诀时不同，无论我怎么揍他，都没用了。

我想起很久之前听别人说的一句话——父子可能是前世不共戴天的仇人。我更是回忆起自己的少年时代，对于父亲的话从来都是不屑一顾，牵着不走打着倒退的时光了。

前几年回忆的时候，似乎觉得有些美好。而此刻往事浮现，也只能苦笑。从逻辑上讲，他是我的儿子，我赢了，就是我儿子输了，其实我也输了。难道这一次，我真的只有失败一条路吗？

小郭出生时的笑，初入学时的哭，家乡的老富翁，少年时的自己……

不同的情景浮现在眼前，我似乎明白过来了，强硬的说教和放任自流，几乎是教育中所有失败的两大类型。小郭是我的一生之敌，我何尝又不是他在年轻时无法战胜的最大敌人？

既然彼此无法互相战胜对方，那么就选择一起赢吧。大约在一个月前，我捡起孩子的课本，带着孩子开始认真学习，尤其是他已经落后很多的数学，我当时决定——只要他做题，我就跟在旁边陪伴他。

除此之外，我选择对这个家伙示弱，把自己工作中的一些难处讲给他听——既然硬的不行了，那么我就博取你的同情吧。

言传之外，我相信身教可能会产生更大的作用。所以在小郭面前的时候，自己也会更加努力地工作，让他看到一个成年人是如何解决自己的问题的。我并不知道这好用不，只是觉得逻辑上说得过去，那么自己就尝试着去做，以求不为自己晚年留下遗憾。

其实，我至今仍然认为小郭的未来，应该是他自己去选择，无论是成为农民还是成为工人，不管是成为理发师还是成为厨师，自己开心就好。但是在他想通这一点、寻得自己人生的目标之前，我作为父亲，必须得先努力为他托住他面前人生的盘子，尽可能保证等到他需要的时候，盘子里仍然有足够多的选择。

我想这样，两个永远无法互相击败的敌人，应当可以在未来某一天分道扬镳的时候，都认为自己赢了吧。

作者：郭鹏

点评：《无法击败的一生之敌》这篇文章是作者郭鹏对自己和儿子之间关系及自己对孩子的教育经历的深刻反思。文章以第一人称叙述，充满了情感和哲理，展现了一个父亲在教育孩子过程中的矛盾和挣扎。郭鹏先生在文章中坦诚地分享了自己在教育儿子时的失败和困惑，以及他对教育方法的探索和转变。

文章的开头，作者将儿子比喻为"无法击败的一生之敌"，这个比喻既形象又深刻，表达了父子之间既亲密又充满挑战的关系。他回顾了儿子成长中的几个关键时刻，如拒绝背诵乘法口诀、学习成绩下降等，以及自己对此的反应和处理方式。作者在教育儿子的过程中，经历了从严厉到放任，再到重新介入的心理变化，这反映了他在教育理念上的摇摆和成长。

文章中，作者对教育的反思不仅限于个人经验，他还通过观察他人的故事，如日本孩子立志成为农民的故事，以及老家老人对儿子教育失败的遗憾，来深化自己对教育的理解。这些故事让他意识到，教育不仅仅是知识的传授，更是对孩子未来人生选择的引导和支持。

文章的结尾，作者表达了一种和解的态度，他决定与儿子一起学习，通过身教来影响儿子，同时也尊重儿子未来的选择。这种态度体现了他对教育的成熟理解，即教育不是战胜孩子，而是承认孩子是独立的个体，承认并给予孩子参与自己和家庭事务决策的权利，父母只是孩子成长中的陪伴者和最好的支持者。（点评人：烟台市福山区门楼兜余小学　胡晓玲）

家庭教育故事：家庭决策中的民主实践

家庭决策中的民主简单地说可以分为两个方面：小事上的民主和大事上的民主，这两个方面对于家庭的和谐和孩子的成长都有重要的意义，但是很多时候家长都没有关注到。

一、小事上的民主

前几天过年回了老家，初五的时候跟很久未见的高中同学们聚会，晚上一起在一家很好吃的老店吃得很饱才回了家，跟家人一起在客厅看电视。

妈妈："家里包了饺子，要不要吃点？"

我："妈，我吃饱了回来的，不吃了。"

妈妈："饺子很好吃的，你吃点吧？"

我："我真的是吃撑了回来的，一点东西也吃不下了。"

妈妈："哦，那你吃不吃苹果？"

我："妈，你别劝我吃了！"

我已经三十多岁了，这种对话还在持续进行，我对我妈的拒绝一般需要说三次以上才好用。不想穿的衣服、不想带的特产、不想见的相亲对象等，我总要一遍遍地拒绝，甚至拒绝之后也不会成功，当我在离开老家的包裹里看到我说了不想要但是妈妈偷偷塞进来的东西的时候，我真是哭笑不得。我也知道这可能是他们表达关心的形式，但是，他们没有尊重我的感受，没有听见我说的话，也没有给我选择的权利。

越长大越发现，这样的父母很多，他们通过唠叨、重复和专制来展示自己的爱，但是当他们替孩子决定每天穿什么衣服的时候，孩子丧失了看天气预报判断明天穿着的机会，丧失了这次试错的权利，丧失了作为一个独立的人对自己事项的决定权，也丧失了承担自己错误决策的责任感。看起来只是一件件的小事，但是影响却是深远的。

二、大事上的民主

回想起我高考填报志愿的那个时刻，那份迷茫至今仍历历在目。高中时期，我对未来的职业规划毫无头绪。家中的决策很少征求我的意见，这让我在面对重大选择时，往往缺乏自信和判断力。填报志愿的时候，父母询问我自己的意见，我在有限的信息中选择了自己较为熟悉的学科。我最终的志愿选择也还算可以，我的生活也算得上顺利，但内心深处，总有一丝遗憾，因为在我人生的重大时刻自己没有做好决策。

其实，我的家庭并不缺乏爱，父母对我们姐弟俩的爱从来都是无微不至，但缺乏的是那种让我参与决策的民主氛围。父母总是以只需要把学习搞好就行了为由，将我排除在家庭决策之外。这种保护，虽然出于善意，却也限制了我独立思考与选择的能力。直到我弟弟面临同样的抉择，我开始意识到，家庭中的民主对于孩子的成长至关重要。

弟弟的高考志愿填报时，我想我能做什么才能帮助他做好选择呢？我咨询了不同专业的同学，收集了关于生物技术、口腔医学、过程装备与控制工程等专业的详细信息。这些信息不仅包括了学习内容、就业前景，还有前辈们的忠告和建议。我将这些宝贵的信息整理成一份指南，希望能够给弟弟充足的信息，让他对各行各业有基本的了解。

在这个过程中，我也鼓励弟弟参与到家庭的决策中来。我们一家人围坐在一起，讨论每个专业的优缺点，分析弟弟的兴趣和潜力。这种开放的讨论环境，让弟弟感受到自己的意见被重视，也激发了他对未来的思考。

最终，弟弟在综合了家人意见和自己的兴趣后，选择了一个既符合他个性又能发挥他长处的专业。如今，他已经毕业并顺利步入职场。我们姐弟俩虽然成长阶段不同，但通过这次民主的决策过程，我们都学会了如何面对选择，如何为自己的未来负责。

小事上的民主是一次次的锻炼，能提升孩子的本领。大事上的民主，需要家长提供更多的信息，让孩子充分了解事件背景、发展和意义，共同商讨出对策。家庭中的民主教育，不仅仅是让孩子参与决策，更是一种培养责任感和独立思考能力的方式。它教会孩子，每一次选择都伴随着责任，每一个决定都需要勇气。在家庭的民主氛围中，孩子不仅学会了选择，更学会了成长。家庭中的民主还有另一个好处，孩子自己做的决定，不论将来结果怎样，他也不会埋怨父母，就像我高考时的选择，好与不好都是我自己的决定，我自己承担后果，走好以后的路。

作者：刘珊珊

点评：《家庭决策中的民主实践》这篇文章深刻探讨了家庭决策过程中民主的重要性，以及这种民主实践对家庭成员尤其是对孩子成长的影响。文章通过作者自身的经历，生动地展示了在小事上的民主缺失可能导致孩子在面对选择时缺乏自信和判断力，而在大事上的民主参与则有助于培养孩子的责任感和独立思考能力。

文章首先通过作者与母亲的互动，揭示了在日常生活中，家长往往出于关心而忽视了孩子的意见和选择权，这种做法虽然出于爱，却可能无意中剥夺了孩子独立选择的机会。接着，作者通过回忆高考填报志愿的经历，强调了在重大决策时，家长应该鼓励孩子参与，提供必要的信息和支持，让孩子在充分了解情况的基础上做出自己的选择。

文章的后半部分，作者通过帮助弟弟填报高考志愿的过程，展示了民主决策的积极效果。这种开放的讨论环境不仅让弟弟感到被尊重，也激发了他对未来的思考。最终，弟弟能够结合家人意见和个人兴趣做出明智的选择，这不仅体现了家庭民主的价值，也展示了民主决策在培养孩子独立性和责任感方面的作用。

文章主张家庭民主对孩子成长至关重要，建议家长尊重孩子意见，让孩子参与决策，以培养其独立能力和责任感。（点评人：烟台市福山区门楼兜余小学 胡晓玲）

第十二讲 尊 重

家长朋友们，"尊重"这个词，在古语中是指将对方视为比自己地位高而必须重视的心态以及言行。由于在中国的传统文化中，"父为子纲"，"父母命，须敬听；父母责，须顺承"，所以，传统中父母都是高高在上的，对孩子不容易做到有重视的心态，也难以有重视的言行。当然，我们在这里说家长要尊重孩子，并不是说家长要把孩子放在高高在上的位置，而更多的是指对待孩子要有平等的心态以及言行，其实这种平等的心态及言行，不仅适用于亲子关系，也是一切关系的基础。这一讲，我们就来讲讲家长应具备的教育品格——尊重。

一、尊重的含义

我们本讲中的尊重，主要指父母对孩子的尊重，可以定义为父母平等地对待孩子的态度。包括认知、行为倾向性两种心理成分。认知成分是指，一个人对待他人的视角和对共同人性的认识。这里指父母把孩子看作和自己是一样的人，看作是一个自由、独立、完整，有其独特的天性、人格、尊严的个体。尊重的行为倾向性是指，父母将以什么样的行为方式对待孩子，包括积极方向和消极方向。积极方向指把孩子看作是跟自己一样的人，以平等的视角看待孩子，对孩子的天性予以接纳，站在孩子的立场上去看待、理解、宽容孩子，让他拥有自己的选择自由；消极方向是指对自我喜好的自我控制和行为约束，不将自己的兴趣、爱好、意志强加于孩子，不命令孩子，不否定孩子的价值、不把孩子当工具利用，不蔑视、不嘲弄、不挫败孩子，等等（王阳，2015）。

二、尊重的重要性

只有家长给予孩子足够的尊重，才能培养孩子自尊的品格，一个孩子有自尊心，他对自己才会充满信心，对生活充满信心，对社会充满信心，才会体会到自己活着的价值和用处。我们可以通过一些教育心理学理论，谈一下尊重对于孩子成长的重要性。

（一）马斯洛需要层次理论

马斯洛提出的需要层次理论对教育界有很大的影响。马斯洛认为人是一个整体，马斯洛将人的需要大致分为五种，由低到高呈现出一个递进的层次，分别是：生理的需要、安全的需要、归属和爱的需要、尊重的需要和自我实现的需要（范晓双，2017）。其中，生理的需要、安全的需要、归属和爱的需要、尊重的需要，这五种需要统称为缺失性需要。后来马斯洛又在尊重的需要后加入了认知的需要和审美的需要，将五层次论细化为七层次论。其中认知的需要、审美的需要、自我实现的需要则统称为成长性需要。一个人只有先满足了生理的需要，进而才会产生第二种需要，并以此类推。

马斯洛的需要层次理论系统地阐释了需要的实质构成、发生发展。马斯洛将尊重列为缺失性需要之一，在生理的需要、安全的需要、归属和爱的需要完成之后，必然要经过尊重的需要方能进入生长性需要或者说进入自我实现的阶段，由此看来尊重是人的成长、发展必不可少的需要之一。在小学生逐步的社会化过程当中，尊重的需要得到满足，他才会自尊、尊他、乐观、自信，反之则会自卑、悲观甚至会形成反社会的心态和行为（范晓双，2017）。

（二）生态系统理论

发展心理学家尤·布朗芬布伦纳的生态系统理论，强调了儿童所处的多重系统以及儿童与这些系统之间的联系。"微系统"作为对个体有着直接影响的环境，影响着儿童的心理发展。家庭是个体社会化的最初场所，父母是孩子的第一任老师，对孩子的个人发展有着深远的影响。家庭环境的各种因素都与学校投入有关，包括孩子与父母的亲密感，积极的亲子互动以及所采用的养育方式（谢弗，等，2016）。得到父母尊重和支持的儿童更有可能参与亲社会活动，对学校感兴趣并积极参与学校活动，在学校表现出较少的行为问题。高水平的家庭亲密度使儿童更容易对学校产生归属感，对学校的态度更加积极。因此，在家庭教育中，采取积极的家庭教养方式，与孩子建立起牢固、信任和温暖的亲密关系，对于孩子的健康发展至关重要。我们要时刻牢记，尊重孩子是积极的家庭教养方式的基础。

三、父母不尊重孩子的表现

尽管大家都知道家庭教育中尊重孩子的重要性，但是在生活中，还是有很多家长，没有做到尊重孩子。接下来我们谈几种不尊重孩子的表现。

（一）盲目比较：不尊重孩子的差异性

在日常的学习和生活之中，家长的口中总是离不开一个词语，"别人家的孩子"。盲目比较在家庭教育场景中往往存在如下表现：

只重视成绩的盲目比较。在当今的考试选拔制度之下，好成绩与高分数是大多数家长努力追求的目标。由于孩子们对于知识的接受程度和理解能力存在个体差异，在学习结果的呈现上也会有所不同。许多家长忽视了自己孩子的基础水平和发展程度，仅在表面上对孩子的学习成绩进行盲目比较，因而难以发现孩子的闪光点和长处。每个孩子都有自身的长处和短处，家长要带着发展和欣赏的眼光对孩子进行赏识教育。但现在许多家长往往采取的是打击式教育，他们只能看到孩子的不如别人之处，盲目进行比较、批评和指责，忽视了孩子自身的闪光之处。

把比较视为激励孩子的有效手段。家长比较孩子的初衷是为了激励孩子虚心学习、进步、成长。但是家长往往难以掌握比较的尺度，让孩子活在"别人家孩子"的阴影之下，给孩子造成很大的压力与负担。

（二）责骂孩子：伤害孩子的自尊心

表扬和批评都是艺术，但一定要讲究方式、寻求方法并运用恰当，尤其是对批评更要谨慎运用。缺乏尊重的批评教育，通常有如下特点：

惯用打击式教育。大部分家长习惯采用这种教育方式，他们总能"准确"指出孩子的错误和缺点并就此严厉批评孩子，要求孩子及时改正错误行为。而每当孩子取得成绩时，他们却并没有及时给予肯定和表扬，而是继续提出改进与批评意见，力求更上一层楼。

缺少理性，情绪失控。有些家长有时在教育孩子时难免缺少理性。当孩子有错误行为产生时，他们的第一情绪反应时常是愤怒，容易失去理性，忘记思考事件本身，个别家长甚至当即对孩子大呼小叫、当众辱骂。

伴随过度的教育焦虑。在教育过程中，家长对孩子的期望越大，要求就越高。所以，当孩子不听话时，焦虑心理会使一些家长出现当众责骂孩子的行为。

（三）侵犯隐私：不尊重孩子的隐私权

随着孩子的逐渐成长，他们也会有自己的小世界和小秘密。如果孩子愿意主动和家长分享，家长一定要为孩子保守秘密，尊重孩子的隐私，不要以爱之名伤害孩子。

不尊重孩子隐私权。许多家长不保护孩子的隐私，认为"孩子没有隐私可言""家长有权利了解孩子的一切"，没有给孩子留有成长的私人空间。这是对孩子的不尊重和不信任，是极为不平等的亲子关系。

对孩子信任不足。日记是孩子情绪的记录本，也是秘密的守护地，一些难以言说和表达的事情都被记录在册。有的家长往往抱着"关心孩子"的目的翻看孩子的日记，这一举动实则是侵犯孩子的隐私，暴露出家长对孩子的信任不足。家长应该通过真诚沟通和交流的方式来深入了解孩子、倾听孩子的内心世界。

亲子关系缺少边界。家长是孩子成长过程中最亲密的角色，大多数家长都十分希望与孩子建立亲密无间的亲子关系。但是，亲密不意味着透明，亲人之间更需要相互尊重和体谅，重视隐私的边界。作为家长，更要尊重孩子的小空间和小世界。

四、父母如何做到尊重孩子

提倡"尊重的教育"呼声由来已久，其目的是给予受教育者足够的精神关怀、人文关怀及终极关怀，以保证其身心健康成长、和谐发展。这一呼声的心理基础是自我尊重的需要。在教育中，对孩子的尊重不可或缺。如何实现尊重的教育？怎样尊重孩子才能塑造他们完整健全的人格呢？

其一，尊重孩子的成长规律。我们的家庭教育应该是科学的，所以我们应该尊重孩子的发展规律。儿童的发展是连续性和阶段性的统一，即在连续发展的过程中会经历多个不同的发展阶段，每个阶段都有其独特的发展特点，也往往是发展某种心理的关键时期。这些阶段既不能颠倒顺序，也不能跨越。教育者要尊重这个规律，避免错过关键期或是揠苗助长。以孩子的认知发展为例，2岁内的婴儿靠感知觉和动作来认识这个世界，此时家长应多听、多看、多抚触婴儿，丰富其感知觉刺激，帮助孩子多运动，为了省心省力而想方设法让婴儿酣睡则会严重阻碍其发展；而一直到中学阶段孩子才真正拥有形式运算思维，即抽象逻辑思维，因此，在小学低年级就开始训练代数和几何无异于揠苗助长。根据心理学家埃里克森的人格发展阶段论，小学阶段（6～12岁）孩子的主要任务是培养勤奋感，克服自卑感。以此为发展目标对于孩子们的未来成长而言才更有意义。因此，父母作为家庭教育者需要了解一些心理学知识，以便充分尊重孩子的成长规律，避免过度卷入无意义的比较中（田录梅，2022）。

其二，就是一定要让孩子感受到自己有价值、有用。但在现实生活中你会发现，太多的家长，都把有用留给了自己，把价值留给了自己。为什么这么说呢？举个例子，孩子从小看妈妈在洗衣服，他也想洗，但妈妈说什么：你不行，你太小，你看你把水弄得到处都是，你看你浪费洗衣粉。前几天有个家长到我办公室，说她家孩子懒，叫他干啥都是不干。其实是孩子懒吗？是孩子想干的时候不让干，孩子小，小胳膊扭不过大腿，不让干也没办法，况且好些人天生就是喜欢逃避痛苦、趋向快乐的，所以时间一长，不干就成了习惯。当不干活成了习惯，再想让孩子干活就太难了。所以作为家长，一定要认真保护孩子想展现自己的欲望，一定要创造条件让孩子感受到自己是有价值、有用的。我们往往觉得索取是占便宜，奉献是吃亏的事情，但实际上，在任何一个社会，幸福的人一定是那些甘于奉献的人，一定是那些为他人、为社会创造价值的人。为什么现在青少年自杀率那么高？很重要的原因是这些孩子感受不到生活的意义，感受不到自身的价值，认为自己活着是家庭、是社会的累赘。所以，作为家长，一定要多为孩子创造机会感受成功，创造机会展现自己、服务他人。

最后，尊重孩子的个性差异。尽管孩子的发展有共性，但每个人仍然存在鲜明的个性差异。如在认知方面，孩子的智力发展有早晚之别、高低之分。有的人少年早慧，有的人大器晚成。有的孩子语文成绩优异，有的孩子数学能力更强，有的孩子擅长音律，有的孩子擅长逻辑，这或许正是因为其各自智力发展的独特性。家长不与"别人家的孩子"比较，也不强求孩子成为"全才"，应因材施教、因势利导。在个性方面，每个孩子可归属于不同的性格类型。内向型性格的孩子安静内敛、喜欢独处，外向型性格的孩子活泼好动、擅长社交。没必要强求一个内向型性格的孩子广交朋友，在课堂上踊跃发言；也没必要强求一个外向型性格的孩子"乖乖听话"，在课堂上"规规矩矩"。在个性的倾向性方面，孩子们的兴趣爱好也各有不同。有些兴趣爱好或许家长难以理解，有些兴趣爱好可能是具有一定风险性的运动，还有些兴趣爱好在家长与教师看来是低级趣味。面对孩子们的这种差异，家长首先要做到宽容和尊重，在此基础之上适当引导、变"害"为利。或许孩子们就更容易在生物、计算机或运动方面有所发展，也或许一个个生物学家、电竞从业者、优秀运动员正在成长中……只要引导得当，孩子就有机会以自由而舒展的心态在各自擅长的领域大放异彩（田录梅，2022）。每个孩子都是独一无二的，我们要尊重孩子的个性差异，尊重孩子的成长规律，给予孩子选择的权利，允许孩子做自己。

我们谈了好家长必备品格里的"尊重"，谈了尊重的四要素，谈了尊重孩子的家长的表现，希望能带给大家一些启发。

家庭教育故事：尊重，成了孩子翅膀下的风

23岁的儿子即将大学毕业。大学期间各科平均92分的他放弃保研，毅然选择出国求学——去看更大的世界。从曾经的朝夕相伴，到如今的离家求学，再到即将远涉重洋出国求学，我们心里更多的是欣喜和欣慰，因为我们看到了一个青年该有的样子——为实现自己的理想和追求，不辞辛苦。

23年来我们送给孩子最好的礼物就是：尊重、自立、向善向美。

建立彼此尊重和谐的家庭关系。不但尊重儿子的需要和需求，更尊重儿子的想法和意见。

从儿子出生，我们就知道他是一个独立的生命个体，我们的家是由我们仨组成的，儿子的需要和需求都会得到尊重，我们会无条件地满足他。

从儿子上小学开始，我就和他商定每天的零花钱数，每月一次性给他，让儿子充分自由地安排。从他上小学三年级开始，一年的零花钱我会一次性地给他，他不但有充分的自主权，而且还学会了如何管理这几百元钱。正是越自由越自律，因为他有充分的自由处理他的零花钱，所以他对

金钱没有太多的渴求，每年的零花钱他花完后都会绰绰有余。大学四年也是，除了必要的消费，他每月的生活费总有剩余。

尊重儿子的想法，遇到问题鼓励他想办法解决。所以从小到大，儿子一直是一个很有主见的孩子，独立而坚强，每个阶段都会给自己定目标，然后努力去实现。比如一年级时，他感觉做一个队长，在前面拿着小旗带一队人走很拉风，二年级时他又感觉做一个军体委员，大课间和上体育课时带大家喊口号很帅，三年级时就感觉当班长和做一个小小交警很酷，四年级开始就竞选大队委，五年级竞选大队长……为了实现一个个的目标，他总会尽自己最大的努力去争取实现，才艺展示、竞选演讲、制作海报、拉票……在这个过程中，我们尊重他的选择，鼓励他自己拿主意、想办法，我们只给建议，提供物质上的帮助。

因为被充分尊重，儿子积极、乐观、阳光、自尊自爱。我们一直没有"青春期遇上更年期"的鸡飞狗跳。大学期间，儿子隔三差五就会抽时间给我们打视频电话，和我们聊聊天，我们也没有儿子上大学后就信号很弱的经历。大学里儿子勤奋学习的同时还把业余时间投入到学生工作、志愿者、实习中，2022年北京冬奥会期间成为优秀志愿者。

放弃保研的这个决定，让他吃了很多别人没吃过的苦。从放弃保研那一刻起，短短的五个月内他要一边上学，一边实习，同时自学雅思和GRE，参加语言考试，还要自己查资料申请国外大学。雅思和GRE的学习可以报辅导班，国外院校的申请其实可以找专业的人来帮忙，可是儿子选择付出几倍的辛苦，全部自己来做。

为什么这么辛苦还会坚持做下去呢？

德西和瑞恩的"自我决定理论"做了最好的注释：一个人成长和追求幸福感的趋向体现为三个基本的心理需要——自主需要（autonomy）、胜任需要（competence）、关系需要（relatedness）。

儿子在成长、学习和追求理想的过程中，这三个心理需要得到充分的尊重与满足，通过自己的努力完成了具有挑战性任务，充分体验到了满足和愉悦的自我存在感、自我价值感和归属感。

幸福的家庭不是指拥有优越的家境，而是指拥有和谐的家庭关系、良好的习惯和对美好生活的向往与追求。"做最好的自己"是我们夫妻二人曾经做过的一个研究课题，也是对我们家庭影响最深的理论基础。我们仨曾共同读过李开复的《做最好的自己》、凌志军的《成长比成功更重要》……这些书涵养了我们的心灵，带给我们向上而生，向善而为，向美而行的启迪和引领。

彼此尊重，成为孩子翅膀下的风，助力孩子乘风而起。

作者：赵志林

点评：必备家庭教育品格是指家长进行家庭教育所必须具备的品质。尊重作为其中重要的核心素养之一，在孩子成长的路上起着至关重要的作用。尊重孩子的家庭往往都有自己的教育原则，在一些优秀家庭教育案例中展现的良好家风和家教值得我们每一位父母认真研读。

根据一项全球幸福感调查，那些感到被尊重的人们，其幸福感普遍高于那些感到被忽视或被贬低的人们。作者通过讲述儿子从小到大的成长历程：教育孩子从小学会管理零花钱，这让他的生活管理能力得到提高；因为被充分尊重，孩子在青春期多了自尊自爱，亲子关系和谐；更是因为被充分尊重，孩子自己放弃保研，选择出国求学，尊重成为一种孩子成长中的力量。

这些让我们深深体会到在家庭中学会尊重孩子的重要性，尊重让孩子成为孩子想要成为的样子，我们也欣慰地看到，尊重让家庭中每一位成员快乐，和谐美好的家庭关系让孩子飞得更高更远。（点评人：中国烟台赫尔曼·格迈纳尔中学　刘双双）

家庭教育故事：尊重孩子，学会放手

几乎所有的父母都认可"成功的家教造就成功的孩子，失败的家教造就失败的孩子。"在决定家庭教育成功与否的要素当中，尊重是一个至关重要的课题。

我们国家拥有悠久的历史和文化传统，老一辈的家长虽然普遍没有接受过系统的教育，但代代相传而来、受纲常思想的影响，很多家长用自以为好的方式对孩子的衣着、爱好指手画脚，甚至为他们的前途和婚姻单方面地做着决定。如果孩子出现问题，他们也自然而然地把责任归咎于孩子，因为他们打心底里觉得，我是你的家长，我做的一切都是为你好，这好意你必须接受。

但随着社会的进步、思想的开化、教育的进步和升级、新一代家长受教育水平的提高，他们的教育观念也正发生着深刻的变化。更多的家长意识到家庭教育的关键在于父母而非孩子。家长们一味的严厉和一厢情愿的"为你好"并不能得到孩子的理解，甚至会引发孩子们的逆反心理。

我出生在1988年，父母都是60年代生人。在我的成长过程中，父母对我的教育方式也算是他俩教育理念的一场博弈。父亲对我的态度相对民主，凡事愿意尊重我的想法，有商有量，对我的教育如果关乎大事多是促膝长谈，帮我梳理脉络，教我正确应对的方法，日常小事甚少插手；母亲则对我生活中的大事小情一概过问。但她性格稍显急躁，遇事一股怒火直冲天灵盖，经常免不了对我一顿劈头盖脸。虽然成年后我逐渐理解她对我的付出，但当年我十三四岁青春期时，我俩针尖对麦芒，有过那么一段水火不容的时光。

切身的反差体验让我十分确信在家庭教育当中，得到父母的理解和尊重对孩子的身心健康成长有多么重要。现在我成为两个小学生的母亲，儿子4年级，女儿1年级，男孩女孩的先天差异使得我在对他们的教育上也必须格外费些心思。我认识到要提高教育技巧，就需要家长付出个人努力，不断进修自己。

十年的家庭教育，通过学习别人的教育经验，结合我自己的成长经历，我总结了在家庭中建立尊重的方法：

第一，倾听和理解。日常多与孩子进行有效沟通，倾听他们的想法、感受和需求。尽可能理解他们的想法和观点，不要轻易否定或忽视他们的意见，让孩子感受到被认同和尊重，这是在家庭教育中建立尊重的基础。

第二，积极的反馈。小学阶段的孩子常常有各种奇思妙想，对此家长应该给予积极的反馈和必要的肯定。要让他们相信自己的价值和能力，这有助于他们建立充分的自信心。

第三，给予自主权。给孩子适当的自主权，让他们参与解决问题和进行决策的过程。鼓励他们表达自己的意见，并尊重他们的选择。

第四，以身作则，成为他们的榜样。尊重是相互的，父母要尊重孩子，更要培养孩子学会尊重他人。我们要注意自己与他人的交往方式，尊重对方的意见和感受。只有父母以身作则，言传身教，才能真正教育孩子懂得尊重他人，从而形成良好的家庭教育闭环。

儿子现在是分床过渡期，我住在他的下铺。每晚睡前他总会跟我聊会儿天。有时问我是否知道太阳内核温度有多高？有时跟我讲述一下在学校跟同学的相处；有时则会表达海洋被核污水污染后对我们在沿海城市生存的担忧。他经常天马行空地提出很多设想，比如他会问我丧尸是否有可能真的会占领地球？我回答不会，因为根据生理构造来讲，丧尸失去了大脑，没有中枢神经控制的躯体就像断了电的机器人，只是一副躯壳，根本无法对人类造成任何伤害。可他却说丧尸可能是因为感染了病毒，而这种病毒能够引发变异，所以不能用平常的思维来考虑，丧尸事件还是有可能发生的。我的回答也许没有解决他的忧虑，但关灯后，他躺在被窝里贴着耳朵对我说，我真庆幸有你这样一个妈妈，愿意倾听我的想法，我有什么事都可以跟你说。

突然我眼角一阵湿润，也许这就是种下尊重结出的果实吧。我这样的成年人得到了孩子肯定的回馈尚且如此激动，更何况这些孩子呢。当他们提出意见和建议得到家长的肯定和认可时，又该是怎样兴奋的心情呢？

我从不用所谓的长辈视角来俯视他们。只要不是关乎原则的事，我都愿意给予他们充分的决定权。女儿大雪天想穿喇叭裤出门，奶奶说你穿这个就是相当于去扫雪，裤腿都得湿了。两人互不相让，大早晨的宝贵时间都在僵持中过去了。我说别管了，愿穿什么穿什么吧，裤腿湿了只要穿的人不介意就好。

近两周烟台降雪频繁，外面呼呼的风雪吹得冒烟，天晴后，外面积了厚厚的雪。两个孩子兴致勃勃地要求出去玩雪。奶奶反对，说外面太冷了，出去要冻坏的。两人不依不饶，都说不怕冷。我给他们穿上厚厚的羽绒服，戴好帽子、手套、水靴等装备，还给了资金让他们去买雪铲。最后带上电话手表，约定好1小时后回家，母慈子孝地送二位出了门。随后，我给自己沏了壶茶，准备美美地赏个雪景，享受片刻的安静。可也就一刻钟的工夫，二位就风尘仆仆地回来了。边进门边喊着外面好冷，还是家里暖和。此后几天都老老实实，再没嚷过要出去。

看吧，孩子那么聪明，尊重他的需求，放手让他去做，他是可以从中分辨出哪些事可以做，哪些事做不得的。家长如果只会一味阻拦，恐怕得到的就是孩子对家长使用权威压迫的不服气和依然对此事抱有念想而不能做成的挫败。而这些感受中的任何一种都是负面的，都是不利于孩子身心健康成长的。

有人说教育孩子如育花，精心浇水、施肥、呵护，方能成功。我倒觉得比起养花的一味呵护，建立在尊重基础上的适当放手对于养育孩子来说更为适合。所以我家庭教育最核心的准则就是，充分尊重，从不精神内耗。你自愿选择，同时自行承担后果，不论从结果中得到的是经验还是教训，都一样宝贵。

作者：刘颖晓

点评：作者给我们介绍了她走过十年家庭教育之路后的收获：倾听和理解、积极的反馈、给予自主权并以身作则成为他们的榜样。作为两个孩子的妈妈，我对作者的教育心得深表赞同。每个孩子都是具有独立思考和自主行动能力的个体。他们需要的不只是物质的滋养，更需要的是精神的引导和支持。

尊重孩子的个性和选择，这是教育的基础。只有当孩子感到被尊重和理解时，他们才会更加自信、自主，更有勇气去探索世界、尝试新事物。这种尊重不仅体现在日常生活的点滴中，更体现在我们对待孩子错误和失败的态度上。

适当放手，让孩子自己承担选择和行动的后果，这是培养孩子独立性和责任感的重要手段。只有这样，孩子才能真正学会为自己的行为负责，从而在未来的生活中更加自立、自强。

在这个过程中，孩子所得到的经验和教训同样宝贵。无论是成功还是失败，都是他们成长道路上的重要财富。这些经历会帮助他们更好地理解世界、理解自己，从而更好地规划未来。（点评人：中国烟台赫尔曼·格迈纳尔中学　刘双双）

家庭教育故事：乐高悲惨事件

儿子祐祐10岁，非常喜欢乐高玩具，家里到处都是他拼好的各式战舰、汽车、机器人等，只要他在家，客厅就全部被他占领，乐高成品、半成品、零件遍布沙发、茶几和电视机柜，整个客厅无处下脚。作为妈妈，每当见此情景脑袋直接"嗡"的一声，总是边训斥他，边将大号的玩具桶拖出来，在儿子的鬼哭狼嚎中，直接把所有的乐高一股脑地全部扔进玩具桶中。

今年暑假，我将舅舅家的小弟弟接到烟台来玩，儿子给弟弟买了一套乐高玩具作为礼物。两个小家伙一边拼着这套乐高，一边聊天，玩得非常开心。原本交流各自都有什么乐高模型，比拼各自都拼过什么，突然弟弟问："哥哥，你这么多乐高玩具，发生过什么乐高悲惨事件吗？"儿子立刻停下手中的乐高拼装，开始倒苦水："前年过年，我拼姑姑送我的大型战舰，拼了整整一天，我妈过来直接给收拾了，战舰好多零件都摔掉，找不到了。上回，我那个孙悟空，拼好后，摆在电视机柜上，挺好看的，放学回来，就进了玩具桶了，那个胳膊死活都找不见了……"说到这，儿子情绪愤懑，委屈得吧嗒吧嗒地开始淌眼泪。弟弟不停地附和他"真是挺悲惨的"。儿子接着细数了近三年我不顾他的阻拦，毁坏了他多少乐高成品和半成品，一个一个的乐高悲惨事件，他全都记忆犹新，委屈异常，时不时抽噎两下。此刻，在厨房偷听的我，心里被狠狠刺痛着。看着儿子皱巴巴的小脸，我想起小时候，家住农村，一天，我突发奇想，想在家门口种菜，我花了一天的时间在门口开辟了一小块地方，还用棍子做了小篱笆，防止猫猫狗狗、小鸡小鸭来破坏，满心期待地撒下菜种。结果等第二天放学回家，我的小菜地已经被大人以碍事为由，夷成平地。当年的我也如同现在儿子般的委屈、愤懑与无奈，自己现在的行为和我当年父母的行为一样，我们作为家长，有没有真正地把孩子当成一个独立的个体，有没有真正尊重孩子，尊重孩子的劳动成果，有没有真正放低身段，与孩子平等沟通，认真去倾听孩子的想法，通过共同商量来解决问题？我自问自己没有做到。

到了晚上，我就关于因我造成的乐高悲惨事件问题认真地向孩子道了歉，并认真听了孩子的想法。儿子说，自己辛辛苦苦地拼出乐高模型，非常有成就感，摆在电视机柜上是为了让来家里的人都能看到。家里的干净、整洁固然重要，但是在保证整洁的情况下，也可以尊重孩子的想法，只要与孩子做好约定就能达到两全。我同意了他在电视机柜上摆放模型的要求，但同时约定每次只能摆放2个，其他的务必收起来。为了让收起来的模型不损坏，我们一起商量，给玩具屋增加了几个架子，专门用来放这些拼好的乐高玩具。同时，儿子必须保证玩完玩具后，收拾好茶几和沙发，保证客厅的整洁。而且，每次玩的时间不能超过1小时。

后来，虽然儿子开始时收拾的沙发和茶几不够仔细，有遗漏，但是经过提醒，慢慢地收拾得越来越到位了。玩的时候，自己给自己定上时，每次基本玩1个小时就主动开始收拾了。

尊重孩子，才是父母最温暖的养育。通过这个小小的乐高悲惨事件，我认真地反思了自己在教育孩子方面的粗暴做法，我要改变原有的与孩子单向沟通模式，改变一味地下命令而不去理解倾听孩子诉求的做法，因为这些其实都是对孩子的不尊重，是控制和压迫，是家长权威的单向输出。人人都是平等而且需要被尊重的，孩子再小，他作为一个独立的个体，同样需要被尊重。家长的尊重、支持与理解，在孩子的成长过程中是至关重要的。只有学会去尊重自己的孩子，将孩子放在独立平等的位置，才能让孩子学会自尊，学会如何去尊重父母及他人，也才能真正地发挥孩子的潜能，因势利导，成就孩子。孩子们也只有感受到被尊重，他们才会更加努力地去回报这份尊重，我们与孩子的亲子关系也会更加亲密，孩子们才能更加快乐、自信、健康地成长，家庭也才能更加和睦。最后，愿世间每一个生命都能被尊重。

作者：张萍

点评：本文通过家长与孩子沟通乐高玩具的故事，生动地向我们展示尊重的魅力。尊重孩子确实是父母最温暖的养育方式之一。当父母尊重孩子时，孩子会感到被理解、被接纳、被重视，这会让他们更有安全感、自信心和自尊心。这种尊重不仅有助于建立亲密的亲子关系，还能激发孩子的潜能，促进他们的成长和发展。

学会和孩子沟通，是尊重孩子的重要体现之一。良好的沟通可以让孩子感受到父母的关爱和支持，也能帮助父母更好地了解孩子的需求和想法。在沟通时，父母应该保持耐心和理性，尽可能地倾听孩子的想法和感受，给予积极的反馈和建议。

同时，父母也应该注意沟通的方式和语气。尽量避免使用命令式、指责式或贬低式的语气，而是采用平等、尊重、鼓励的方式与孩子交流。这样可以让孩子更愿意听取父母的意见，也能促进亲子之间的理解和信任。

总之，尊重孩子和学会与孩子沟通是父母在养育孩子过程中必须掌握的重要技能。只有在尊重和理解的基础上，我们才能建立起健康、和谐的亲子关系，让孩子在爱与关怀中茁壮成长。（点评人：中国烟台赫尔曼·格迈纳尔中学 刘双双）

总结：本章介绍了好家长的八种优秀品格，这些品格是家庭教育的依托，是构建良好亲子关系的基础，同时，家长的优秀品格也能深刻影响孩子的发展。只有家长提高认识、注重品行，才能促进孩子的健康成长。本章向家长强调了品格的重要性，同时也通过实例向我们展示了不同品格影响下的教育实践。

第三章　好家长的四项能力

关键教育能力是指家长在家庭教育中对孩子发生作用的关键属性和力量。家长的关键教育能力包括认识儿童能力、教法应用能力、问题沟通能力、行为评价能力。

第十三讲　认识儿童能力

看到这个题目，有的家长可能会有疑问，孩子是我亲生的，我还能不认识？的确，孩子是你亲生的，那您对自己孩子的认识程度、了解指数，如果是1~10分，您会给自己打几分？回想一下：在孩子成长的不同年龄段，从刚出生的婴儿期，到幼儿期、童年期、青年期，在这些不同的成长阶段，您能否读懂孩子的生长规律和个性特征呢？可怕的"两岁"、叛逆的"青春期""二孩的爱如何平衡"，这些难以解决的育儿困惑越来越多，这究竟是为什么呢？也许是因为随着孩子的长大，我们越发地不够懂他，作为父母，我们要在孩子成长的关键期给予关键帮助，而不是把他照着一个模子来塑造，所以在现代的家庭养育和社会教育中，一个最重要的问题是先要读懂你的孩子，而不是仅仅停留在"爱孩子"的层面。

一、不同年龄段，家长如何给予正确的家庭指导

著名心理学家埃里克森把人一生自我意识的形成和发展过程划分为八个阶段，分别是婴儿前期、婴儿后期、幼儿期、童年期、青春期、成年早期、成年中期、成年晚期（戴安娜·帕帕拉，等，2013）。其实，懂孩子比爱孩子更重要，那作为父母，在不同年龄段，如何给予孩子正确的家庭指导？

　　首先，我们来看看0～1.5岁的婴儿前期和1.5～3岁的婴儿后期，这是儿童身心发展最快的时期。谈到婴儿期，您是否把时间轴拉回到了初为人母、初为人父的美好时光呢？

　　在人出生的头三年，各项能力飞速发展；从吸吮、抓握到三翻、六坐、八爬一系列的动作发展；从学说话、学走路到慢慢表现出极强的模仿能力、交往倾向，乐于探索周围世界；0～3岁的婴儿就像一部摄像机一样把看到的、听到的、闻到的一切都记录在他的潜意识里，这样的学习方式就像海绵吸水一样全盘吸收，也称为吸收性心智。

　　脑科学家研究发现：刚出生的新生儿脑体积占成人的25%，三岁时已达到成人脑体积的80%；正常人出生时，大脑有140多亿条脑细胞，它们彼此孤立，是靠大量信息刺激，才使它们各自生出许多树状突起，也就是突触来互相联结。从而建立起错综复杂和稳固的神经网络，来处理信息，执行大脑的各项功能。这些神经网络建立得越密集，大脑越发达。

　　因此，0～3岁，作为父母要给予孩子丰富的环境和多种感官的刺激，让儿童在爬行、观察、听闻、触摸等活动中获得各种感知经验，同时给孩子提供丰富的语言环境，增加亲子陪伴，发挥爸爸妈妈在家庭教育中的作用；多和孩子交流，为儿童提供良好的言语示范；鼓励儿童表达；积极回应儿童。还有最重要的就是婴儿期的孩子对家长有强烈依赖感，父母要及时满足孩子的生理需求以及爱的回应和陪伴，无条件地接纳，给予孩子充足的安全感。

　　谈到依恋和安全感，和大家分享一个著名的"代母养育实验"。有位名叫哈利·哈洛的美国心理学家和他的同事在20世纪五六十年代用恒河猴做了一个"金属母猴和绒布母猴"的"代母养育实验"（林雪涛，2019）。他们将刚出生的小猴子们与生母分离开，进行了长达165天的实验，他制作了两个猴子形状的"假妈妈"。一个是浑身上下只有铁丝并且挂着一瓶24小时可以提供奶水的"铁丝妈妈"，而另一个则是用绒布包裹着的"绒布妈妈"。结果发现，小猴子更多的时间会待在"绒布妈妈"的"怀里"，只有在少数的时候会到"铁丝妈妈"那儿喝奶，喝完奶会迅速回到"绒布妈妈"那儿。当"绒布妈妈"被拿走时，小猴子也不会选择"铁丝妈妈"，它们反而是趴在窗口眼巴巴地看着"绒布妈妈"。"代母养育实验"告诉我们，爱与温暖的环境让孩子健康成长，对于婴儿期的宝贝，妈妈的身体接触、抚摸、拥抱会给孩子带来温暖和力量，在孩子成长的过程中，父母应尽量避免和孩子产生长时间的分离，让他们在充满爱与温暖中健康成长。

接下来我们来了解一下3～6岁儿童。3～6岁，这是儿童身心快速发展的时期。这个年龄段的孩子对外界充满了好奇，灵动的眼睛闪烁着光芒，聪明的大脑里随时装着"十万个为什么"，喜欢反复，比如反复听你讲同一个故事很多遍都不厌其烦，语言表达能力增强，他开始渴望与同伴交往，有着极强的模仿能力，正所谓"三岁看大，七岁看老"。因此，在这个阶段，作为父母要给予孩子丰富的外在的环境刺激，给到他正向的积极的榜样力量，也就是言传身教，耳濡目染。正所谓，教育就是用一个生命去影响另一个生命，其实家里的学龄前儿童，他并不是在意你怎么说，而更看重你怎么做。

3～6岁，孩子经历了人生重要的成长阶段。就是他要离开父母从家庭迈向幼儿园，需要适应新的环境，需要学会与同伴、老师相处。因此，培养孩子生活自理能力、社会交往能力、环境适应能力、解决问题能力、遵守规则和养成良好的习惯，在这个年龄段显得尤为重要。

在幼儿园阶段，父母要鼓励儿童做力所能及的事情，学习和掌握基本的生活自理方法，参与简单的家务劳动，在生活点滴中启发儿童的劳动意识，不要过多地包办和代替，同时要做好入学准备。学龄前儿童思维发展处于具体形象思维阶段，还没有像小学生一样发展到抽象逻辑思维，因此，这个年龄段孩子的学习方式并不是像小学生一样，端坐在书桌前才算学习，而是像"海绵吸水"一样，靠生活经验、感知、体验、实际操作来学习，一日生活皆教育。3～6岁孩子天性好玩、好动，作为成人，我们要尊重孩子的成长规律，不可揠苗助长，要把玩的权利还给孩子，把游戏还给童年。当然，这个年龄段也是需要父母全力地、高质量地陪伴，给孩子足够的安全感。就像那首歌唱的"爱我你就抱抱我""爱我你就陪陪我"，陪伴是最长情的告白。

6～12岁，这一阶段儿童的生理发展处在相对平稳、均衡的时期，入学学习是儿童生活中的一个重大转折。他们的身高和体重加速发展；大脑仍在持续快速发展，以具体思维为主，逐步向抽象思维过渡；情绪总体稳定，个人气质更加明显；社会交往能力增强，开始有较为稳定的同伴关系；学习能力逐步提高，学习策略逐步完善；自理能力增强。

12～18岁，这是孩子从童年向成年的过渡期，也是大家熟悉的"青春期"。这一阶段孩子的身体各器官逐渐发育成熟，出现性冲动和性好奇；重视同性和异性的友谊，并可能萌发爱慕感情；自制力和意志力增强但仍不成熟。大脑发展迅速，抽象思维能力增强，记忆和观察水平不断提高；自尊心强，重视外表，建立自我同一性成为本阶段孩子最重要的任务；他们情绪波动大，敏感易怒，容易有挫折感，情感内隐；易和家长产生冲突；对父母依恋减少；责任心增强，自我控制能力有明显发展。

对于这一阶段的孩子，家长更为关心的是他们的学习成绩、上课的专注力、和同伴相处的关系，甚至开始为早恋、网瘾等问题所困惑。如果家长不能给予孩子很好的指导，在这一阶段很容易出现亲子关系紧张等家庭教育问题。青春期是亲子矛盾的高发期，同时青春期也是塑造期、成长期，家长们也常说小时候孩子很乖呀，到了初中怎么就变得不听话了，似乎逆反也成为描述青春期的专用名词，难道进入了青春期，孩子真的就是学坏了吗？

二、青春期，不同家庭教育模式对孩子的影响

青春期逆反在很大程度上是源于孩子日益增强的自我意识与父母过多管束压制的冲突，是孩子和父母间权力斗争的一场较量，所以孩子逆反不是进入青春期惹的祸，而是提醒父母这一时期同孩子的亲子关系需要重构，而重构的核心是尊重、发展孩子的自主性和独立性，为孩子自主性发展创造适宜的时间和空间，对于"孩子想说了算"的自主诉求，不同家长有着不同的处理方式，对孩子的心理发展有着不同的影响。

有的父母要求孩子完全听从大人，这样的家长不尊重孩子的意见，不允许解释，孩子只有乖乖服从的份，这样做并不能真正让孩子心服口服，可能刚把不听话的葫芦摁下，关系疏远、成绩下滑的瓢就起来了，因此也让家长遇到了更艰难的挑战。

有的家长对孩子是言听计从，孩子逆反了，不论提什么样的要求，家

长都是言听计从，孩子却成了蛮横强势的"刺头"。从表面上看，这样的家庭对孩子很宽松，其实对孩子行为的宽容却是对孩子闹腾的一种缴械和投降。大人无原则地屈服去避免冲突，忽视了引导孩子遵守相应的规定。家长的宽松实际上是一种逃避，让孩子陷入更多的与外界的冲突，这种对孩子逆反的无原则放纵，既没有为自己赢得孩子的尊重，也没有培养出孩子健康的独立性。

有的家长对孩子报以坦诚和尊重。面对孩子进入青春期之后的逆反，没有维护虚假的权威，也没有向孩子屈服，以求得暂时的和平。他们愿意为孩子长大付出耐心，他们对孩子的想法表示理解，相信孩子有一定的独立处理事情的能力，他们有勇气放下家长的架子，主动承认自己曾经的过失，给孩子做出反求诸己的示范，家长的坦诚和尊重既让孩子的自主性需求得到了满足，也帮助孩子放下防御，以诚实的态度看待问题。

三、"非常青春期"，如何架起一座亲子沟通的连心桥

家长对于孩子青春期逆反的正确应对策略并不是堵，而是疏。具体有以下几点建议。

第一，要认识到青春期是孩子从依赖走向独立、从幼稚走向成熟必然要经历的特定阶段。家长要做的是成为孩子的引路人，带领孩子走过这个时期，让他们顺利成长。

第二，要把选择权交给孩子，尊重孩子的选择，促进孩子真正地长大。有的家长不愿放权，是因为担心孩子考虑不周，害怕孩子走弯路。需要的是家长愿意听听他们的想法，而不是时时想着去干涉，所以赋权是对孩子最好的尊重，跟孩子一起制定规则，给他一个明确的界限，在界限内，让孩子自己做主，而不是对孩子一味地说不。否则，他就只能通过逆反来争取自己想要的。不强迫孩子听话，孩子才会开始听你的话，家长只要给予足够的爱与耐心去引导，孩子自会慢慢地收起身上的刺，慢慢地向家长靠拢。

第三，学会示弱。举一个案例：一位妈妈自己生病了，还要强撑着给孩子做饭洗衣服，而孩子一边玩游戏，一边抱怨妈妈做的饭不好吃。而同样是生病了，另一位妈妈却明确告诉孩子现在我发烧、无力，要孩子自己

做饭，并且还要给妈妈端水送药，结果孩子不但自己做了饭菜，还跑前跑后地在照顾妈妈。在孩子眼中，父母越强大，他们的依赖性可能就越强，那么懂得示弱的家长反而成就了孩子的强大。示弱并不是软弱，而是一种智慧，能激发孩子的雄心和信心，对孩子的成长更有所谓温柔的坚持，就是对原则性的问题要坚持，但是要讲究方法，比方说孩子迷恋手机让家长感到担心，因而是不允许的，只是家长表达态度的方式，要既温柔又要让孩子感受到受尊重，爱与尊重是与逆反期孩子相处的解药。

作为一名妈妈，我回顾自己和孩子一同走过的成长之路，我发现好像是孩子在引领我前进。所以亲爱的家长朋友们，无论你的孩子处在哪个年龄段，都不要怕孩子成长过程中出现的"麻烦"和"困难"。要通过学习觉察和调整自己，做一名与孩子共同成长，可以读懂他、引领他的智慧父母。如果说老师是孩子成长中某一阶段的任课教师，那么父母就是孩子成长中终身的班主任和一生的指导教师，需要为人父母的我们在家庭教育这条路上不断成长。

换一句话说：这世上几乎所有的爱都是以聚合为目的，而只有一种爱是以分离为目的的，那就是父母对孩子的爱。我们能做到的，是要抓住孩子每一个年龄的关键期给予关键帮助，爱他、懂他，培养他将来能独立面对社会的能力。

在孩子成长的每一个阶段，父母都有着不同身份的变化，婴儿期要以照顾孩子生活起居、吃喝拉撒睡为主，给予丰富的、适宜的环境，这时候应像保姆一样以生活养育为主。幼儿期是性格和行为习惯的关键期，父母更像指导教师一样传道、授业、解惑，给孩子以言传身教的榜样。儿童期，父母更像训练型教师，陪孩子掌握各种知识技能，陪孩子提升各种能力。青少年时期，父母更像教练，既教导又陪练，这时候要允许孩子犯错，要陪伴孩子成长，孩子的行为、价值观一旦有所偏颇，父母要像教练一样在恰当的时候及时出现，指引孩子走上正确的道路。孩子进入了青春期，父母更像导师、参谋，虽然不用亲自上阵，但你提出来的建议、方向要给到孩子指引的力量，像朋友一样让他有后方支援的力量。成年期，父母要成为孩子的精神领袖，到这时，前期已经做好了各个阶段稳固的连接，此时也许将是一场得体的退出。

教育不仅仅是孩子的功课，而是父母的修行，让我们陪着孩子一起成长，做一名既爱孩子又懂孩子的"好家长"！

家庭教育故事：小小悟空成长记

时光如梭，转眼2024年已经悄然而至。对于我们这个小家庭而言，这一年格外漫长，都说秋天是丰收的季节，而家有一年级小学生的我，并没有在秋天里感受到收获的快乐。孩子在夏末秋初入学后，仿佛孩子每天都有不同的小状况，今天闯祸和同学吵架、明天上课满地溜达、后天撒谎扯皮逃避学习……经历了漫长的陪伴、等待、期盼，终于在这个漫天飞雪的冬季里，有幸到校参加了孩子的元旦联欢会，看到了孩子与老师、同学的融洽相处；收获了孩子的"三好学生"奖状，感受到了孩子的改变；从和班主任的交谈中感受到孩子的进步。这就像是悟空一路降妖除魔一般，战胜一个又一个不良嗜好。回想起刚开学那两个月，至今还历历在目，这一学期就像是演绎了一段孙悟空的成长记，虽然历经磨难，但终究归于正道，前途一片光明。

一、猴王下山、天真茫然

开学第一个月，孩子从幼儿园初入小学，伴随着升学焦虑的同时，我们还经历着突如其来的搬家，这对孩子来说无疑是雪上加霜，不仅学习环境有改变，就连生活环境也完全陌生。无论上学还是放学，身边一个熟悉的伙伴都没有，这时的他每天上学都像是野猴子下山一样，完全没有一个学生的常规状态。幼儿园里被老师环绕着、照顾着的他，还停留在无拘无束、天真烂漫的幼儿认知阶段，虽然知道自己已经是小学生了，但是对前路一片茫然，"小学"对他来说是一个陌生的词汇，感觉就像是从一个幼儿园被我们逼着换到了另一个幼儿园。

因为我工作的原因，孩子幼儿园期间经常会和孩子在一起，平时跟老师关系很近，所以孩子在幼儿园里和老师的关系就像是家人一般亲密，老师会让他在幼儿园当小助手，帮老师做些力所能及的事情。这导致孩子在师生关系中缺少了应有的边界感，放学回家总会流露出老师不喜欢他的感受，在学校没有亲密的拥抱，也没有幼儿园里各种各样的小奖励，老师会让别的同学干这干那，却没有让他去做，心里的落差感很大，甚至会有故意捣乱吸引老师注意的行为。这一阶段，我也会时常接到班主任老师的电话，老师会把孩子的一些不良表现告诉我，并耐心地和我一起想办法解决问题。比如孩子课堂上自律性差，有时会在老师板书的时候和周围的孩子交头接耳地说话；列队时不服从安排，自己随意乱跑；学习态度不端正，上课时总是处于游离状态；因为小事和同学发生口角甚至动手……就像是花果山的美猴王，总是行事草率、鲁莽，很少考虑自己的行为会产生怎样的后果。虽然都是一些小问题，但是日积月累显露出来的就是孩子自控力差、没有集体意识、自由散漫、专注力有待加强，久而久之就会成为孩子今后学习生涯的重大"隐患"。

这时的我，作为孩子的母亲，也随着各种变化产生了焦虑，在教养过程中情绪波动大，每次孩子犯了错误，就会情绪爆发。甚至每天上班都精神紧绷，一看到老师的来电就格外紧张，总感觉孩子又闯祸了。晚饭后到睡觉前的时间成了我们母子斗法的训练场，晾衣架、戒尺轮番上阵，家里几乎每天都在鸡飞狗跳的狼藉中落幕。

曾经的我也像很多年轻家长一样，在手机中看到那些崩溃妈妈的视频十分不解，甚至还把妈妈们的教育问题和他们的原生家庭与学历挂钩。直到自己的孩子上学后才深刻体会到，每一个将要崩溃的妈妈，都在教育孩子的过程中经历着自己心灵深处的各种洗礼和来自不同频家人、朋友的无声打击，挣扎、徘徊在各种教育理念之间，在不同的教育专家的言论中迷失自我。当育儿的压力从四面八方倾泻而来，仿佛整个世界都在旁眼看着你怎么带娃，仿佛是孩子的未来都掌握在妈妈手中，仿佛如果孩子考不上清华北大都是这个妈妈的失职。就在这样的焦虑中，孩子在家无声地叛逆、反抗，到学校就费尽心思地通过各种调皮捣蛋的行为吸引老师、同学，俨然一只活脱脱的野猴子模样。

二、各方镇压、被动自省

开学一段时间后，孩子慢慢地对周边环境有所适应，缺少是非分辨力的他跟一些调皮捣蛋的孩子打成一片、称兄道弟，放学后和小区里贪玩不回家的孩子们混在一起玩得不亦乐乎。老师在相处中发现了他爱表现的特点，于是安排了浇花、擦黑板的小任务给他，起初还高兴了几天，后来，他在玩耍中得意地炫耀自己能帮老师浇花，被同学嘲笑，刚提起的积极性又掉落了下来。那几天又开始放飞自我地找寻自由的快乐。感觉是孙悟空被封了弼马温发现官职低微后又重回花果山，更加嚣张，无论在学校还是在家里，似乎总有行为是跟老师、家长对着干的，无形中能感受到他的那种对抗心理。

这时候大部分孩子幼升小过渡期都顺利度过了，这泼猴却总是试探性地反反复复，无奈之下，我和老师达成了一致，对他进行了量化管理，老师在学校严格地管教他，我在家中也想办法打磨他。为了让他提升自控力，学会遵守纪律和秩序，我在家中给他准备积分盒子，日常表现都列入其中，每周六统计积分并将积分兑换成周末外出玩耍的经费。这一招对于每周末都会出去游玩的他着实有约束作用，渐渐地他在班级里的不良行为也减少了，在家中也能够按要求完成各种小任务。可能对孩子来讲，骂一顿、打一顿无非就是影响了他当时的心情，而外出游玩时，看着别人吃上自己心爱的冰淇淋，而自己只能流口水，这种小惩戒是能走心的，尤其是当他因为自己积分不够，经过自己最喜欢的游乐场却不能进去，那种焦心的感觉是记忆深刻的。

这一阶段的积分管理初见成效，虽然很多时候孩子并不是真心地在做，只是出于对积分的渴望而被动改变，但是习惯成自然，很多行为只要形成习惯就会伴其终身。当然，我认为这一阶段的家校共育是十分必要的，家长和老师一定要同频，有着相同的教育观念能够互相配合，让孩子在学校和家庭二者之间无缝衔接，老师和妈妈对他的教育是一致的，这是让孩子快速适应的重要一点。这一阶段的孩子，虽然是被动自省，但是通过外力的管理让他尽快融入集体生活，对孩子身心而言都是有益的。

三、择善而从、做真悟空

通过各种方式的管理与引导，孩子在学校里的表现趋于正规化了，虽然还是顽皮，但是在老师的引导下，他已经有了小学生的样子，对小学生活的一日流程完全掌握，甚至时不时地学着班干部的模样管理纪律。班主任老师经过前段时间的了解与观察发现了孩子顽皮的外表下藏着很多特点，比如表现欲强、好胜心重、乐于助人、善于沟通、模仿力强……针对孩子的特点，班主任老师几经考虑后给他安排了班级里的班长作为同桌，并且在孩子状态积极的时候任命他为"纪律委员"，这无疑是给刚适应班级生活的他送来了一束光，让他的信心油然而生，有了更多的自信心和责任感。

对于爱模仿的孩子而言，身边人的一举一动都会对他产生一定的影响，"近朱者赤近墨者黑"这句话用在他身上再适合不过了，自从优秀的小班长坐在他旁边，他上课的状态越来越认真，就连课间活动的时候都会和同桌交流学习或者管理班级事务的心得。一个"纪律委员"的官衔就像是紧箍咒一样约束着他，让他改掉了很多不良习惯，在学校里能够自律，同时还能提醒别人，生怕自己犯错误让同学们不信服他这个小干部。

孩子在这个过程中逐渐找到了自我，对集体生活产生了发自内心的热爱，有了集体荣誉感，学会了团结协作，但在学习方面还是没有形成好习惯。一次孩子课堂练字偷懒耍滑，用以往写过的练习本应付，语文老师教学经验丰富，一下子就发现了端倪，及时批评指正了他，还跟孩子达成协议，把这件事情当作两人之间的小秘密。当天晚上语文老师就和我电话沟通，把事情的原委告诉了我，还特意叮嘱我不要让孩子知道，让我时常关注提醒一下孩子就好。那次事件后，孩子内心有些许忐忑，但是在几次课堂提问中老师都一如既往地表扬、奖励他后，孩子对语文老师心生敬意，对语文的学习也产生了浓厚的兴趣。过去他喜欢学数学，觉得解数学题很有趣，最讨厌背课文、背古诗，觉得太枯燥，现在为了得到老师的认可，能够主动背诵，而且学校的阅读打卡活动也积极参与。如今的他已经养成了阅读的好习惯，就连外出旅行都不忘睡前阅读五分钟。

这不就是现实生活中的孙悟空吗？取经路上他头戴紧箍圈，受唐僧约束，稍有放纵就会有如来和观音及时点化。经过了一学期的摸索、尝试、配合，我和老师们共同研究出针对猴孩子教育的措施和方法，为了提升孩子的综合能力，我们用契约、平等、友谊等多样的培养方式，提升了孩子的自控力、自主力、思考力、自我约束力、抗挫折能力、团队协作能力等。这不仅是对孩子的教育，更是对家长和老师的考验。孩子进步的同时，家长和老师也备感欣慰，成就感满满。一个轻狂茫然的美猴王，在老师和家长的引导下不断修正自己，如今已经成为能受紧箍咒控制的孙悟空，相信不久的将来，他一定能成为兼具智慧与力量的斗战胜佛。

作者：刘佳玮

点评：本文主要涉及的是儿童认知能力的发展，文章通过分享自家的"小小悟空"从猴王下山、天真茫然，到各方镇压、被动自省，再到择善而从、做真悟空的成长故事，向我们展示了一位一年级孩子的真实家庭教育过程。

小学阶段是成长的分水岭，也是孩子可塑性最强的一个时期。一年级是孩子由幼儿走向儿童的过渡时期，在这个阶段孩子的注意力更多集中在自己感兴趣的事物上且较粗心。因此，在认知辅导上，家长要注意引导孩子养成良好的学习习惯。作为父母，要能够认同孩子上小学后的矛盾心理，帮助孩子改掉以自我为中心的习惯。另外，孩子可能会面临一些情感上的挑战，例如离开熟悉的幼儿园环境、适应新的社交圈等。家长应该注重孩子的情感需求，给予关爱和支持，帮助孩子度过这个过渡期。

总之，家长在幼小衔接阶段应该注重孩子在学习习惯、个性发展、情感需求等方面的问题，通过有效的引导和帮助，让孩子更好地适应小学生活。（点评人：中国烟台赫尔曼·格迈纳尔中学　刘双双）

家庭教育故事：用爱呵护，慢慢成长

细水长流汇聚江河，点滴日常皆为成长。

在懵懂无知、激情昂扬、志在四方的年纪，我选择了结婚生子。因为自己受过苦，所以我坚决不会让自己的孩子成为留守儿童，宁可和老公两地分居，也要在老家陪伴儿子。但是"妈妈"一职真的是没有证书可衡量；即使有，我也是无证上岗，自从上岗后从未感到过厌倦，而且愈做愈热切，愈不能自拔。

婴幼儿时期的儿子，圆嘟嘟的，爱笑爱闹，调皮有度，学什么像什么，常把破败不堪的婆媳关系变得温暖如春，让空阔潦倒的大房子充满了欢声笑语。人总是处于两难的境地：一边想打工挣钱改善生活，一边又想日日抱着宝宝，围在他身边享受咿咿呀呀、蹒跚学步带来的慢节奏和快乐；我是幸运的，儿子也是幸运的，我在老家附近找到一份还不错的工作，既可以填补生计，也可以每天看到孩子，搂着他入睡；儿子的幸运是他有一个面面俱到、无微不至、身体健康的姥姥，可以让我在工作、生活后顾无忧的同时，又将儿子照料、引导得乖巧、懂事。如果要说这一时期我有什么教育心得，我觉得"不弃"和"陪伴"是最好的诠释，不论生活多么艰难，日子多么难熬，我都对儿子不离不弃，全身心地守护与陪伴。

天下最温暖的时刻，莫过于携儿奔赴烟台，义无反顾地团聚。新的环境，没有了双方父母的帮衬照料，独自照看儿子，生活未免有点儿糟乱。一切都要从头学习，学习炒菜、煮饭、和面、蒸馒头，当时或许会想，那么多年的文化熏陶竟没有培养出一双灵巧的手。无论多么优美的ABC，都解决不了空气中弥漫的烟熏火燎，更解决不了锅里急剧火热四溅的油星等待菜下锅的急切，手忙脚乱的状态下不忘叮嘱腿边的儿子，"小心油星迸到，离妈妈远点儿，快坐到那边的垫子上，听话，好儿子""嗯，好的，知道了，好妈妈"……瞥着儿子的背影，虽然有些急躁忙乱，心里也瞬间欣慰了许多，嘴角也不自觉地上扬——得此一子，哪有什么是解决不了的呢。

我们虽是租住在村庄的外地户，可是却有老家的温暖，儿子的活泼好动自然引得周边邻居的喜爱。邻居家的叔叔阿姨，经常会把家里的农产品，芋头、地瓜、桃子、樱桃等送给我们，说是给孩子吃，其实也是在帮衬我们这初来安家的一家三口。儿子在接别人给的东西之前，都会小眼眨巴眨巴地看看我，用眼神来问我想得到我的允许，在得到默许后，都会先礼貌地回应"谢谢奶奶"，才去伸手接过来。得到的回应也是赞美的话语"真是好孩孩，快吃吧，吃完还有哈"。"谢谢奶奶，我尝尝就行"，话一出便会惹得悠闲聊天的家人们一阵舒心大笑。

面临着上幼儿园和找工作的两难，为了抓紧早日工作，贴补家用，我起初选择了有校车的幼儿园，我清晰地记得儿子第一次上校车时高兴的笑脸，他没有丝毫的胆怯与离家的孤独，反观我这个老母亲却泪眼婆娑，充满了挂念；坐立不安的一天在校车的汽笛中结束，看到儿子高兴地从校车上跳下来，悬着的心终于落定。儿子自豪地讲述着幼儿园里的事情，我成为他最忠实的听众，时时给予掌声和肯定的语言。后来因公立幼儿园新园招生，我们又选择了离家较近的公立园，但是接送时间不合适，又找到大爷大妈帮忙接孩子。那段时间我们每天都要晚上7:00左右才能去接儿子，现在想想当时怎么那么粗心，让一个三岁多的孩子饿到那么晚，但是儿子却从来没有跟我们撒娇或抱怨过，他是那么的独立自强。为了方便接送孩子，工作时间能和儿子一致，我考取了教师资格证，去幼儿园上班，于是有了充足的时间去照料儿子。周末我经常带他去爬山，感受大自然的秀美；带他去空阔的娱乐广场，攀爬、跳跃、赛跑、做游戏，对他的每一个动作无不一一激励、赞美；我目光从不敢脱离儿子，生怕错过每一个精彩的瞬间；居家时，我和儿子一起读书、画画、做黏土手工，每每完成一个作品，或者惊讶地发现自己认识记住的生字，我都会大声地表扬一番，儿子也会洋溢着骄傲的笑脸。那一段时间，我在幼儿园里的工作是忙碌而紧张的，但是一旦看到乖巧的儿子，紧绷之弦瞬间变得松弛、自然。这一时期我们做到了对儿子的"不舍"，对生活的"无惧"。

　　无忧无虑的时光总是过得很快，不知不觉间儿子步入了小学，居家陪学的时光，占据了我们的共有时间。他低年级的时候，我们每天领读认字、读题、做题、背诵课文。渐渐地，随着识字量的增加，他已不需要我在旁边开口，只需无声地在旁边陪着，抑或只要在家就可以。儿子做任何事都是认真努力的。每天的学习任务不需要督促或检查，放学回家第一件事就是要写作业，有不写完不吃饭的那种倔劲，让为娘的我暗自欣喜；他静静地完成着当日的学习任务，我则慢慢地烹饪着美食，一切都是那么的享受、惬意与自然，不急不躁，各行其是。小小的年龄、大大的能量，我能做的也仅是默默支持，静静等待每一次努力后的成果展示。

　　超强的自尊心造就了儿子的脸皮薄，容不得半点的玩笑话或有攻击性语言的调侃。从小不惹事的儿子出现过的问题也只是和同学间发生过两次争吵，原因是对方用不文明的语言说儿子胖，那一时期的儿子也确实属于肉墩级别，体重也正是他所介意的。每当被别人叫作"胖猪"回来跟我诉苦时，我会都劝慰他，自己的体型是与生俱来的，不要刻意在乎自己的外在，要通过好好学习丰富自己的内在，将来在知识上碾压他们，让他们羞愧自己当时的粗鄙和无知，慢慢地接纳自己，不再为别人说自己胖而纠结，而闷闷不乐。同时，我也会告诫他，在生气冲动想揍人之前要想想能否承担得住后果，一方面生气会使自己的心情抑郁，影响智能，气大伤身；另一方面冲动和武力解决不了任何问题，不是伤人就是伤己，得不偿失。"宰相肚里能撑船"，想想有没有过不去的事儿，遇事一定要冷静，争取大事化小，小事化了。人除了生死，一切都不重要，以平常之心待之、处之，不能逾越。有时候大道理讲得多，未必能入心，只有在遇事后，及时面对，及时解决，及时总结。

目前儿子正处于青春期，也是性格起伏变化的重要阶段，在别人觉得孩子很叛逆的时候，我却未觉出儿子有何不妥，只不过更有自我，更需要自己的独立空间了。不再像小时候逮着机会就问为什么，其实也是些我无法给予正确答复的为什么；他现在的阅读量有些拔高但并不大，但在抒发情感上有很高的见地，或许得益于每晚睡前听书、听故事，当和儿子一起沉溺于有声世界时，一切都那么舒心和自然。对这一时期的儿子有些不知如何去"命令"他，因为他已经很有主见，想学就学，不想学逼迫也没用，我只负责好他的衣食，偶尔做个倾听者和陪同者。以前我总是期盼着儿子不需要听我的"唠叨"也能把自己的卫生、学业打理得井井有条，但当他真的不用我指挥时，我又未免有些落寞，嫌时间过得太快，在一起相处的时间越来越少。

一切都向着儿子更有主见、更有思想、更有抱负发展，我们也会一直默默呵护着他的成长，不急不躁，缓缓而行。盼其尽全力去绽放自己的色彩，我们是你坚强的支持者、陪同者、见证者，一起加油吧。

作者：题淑霞

点评：《用爱呵护，慢慢成长》是一篇充满母爱和生活智慧的家庭教育文章。作者通过自己的亲身经历，展现了如何在不同的生活阶段，用爱和耐心陪伴孩子成长。文章中，作者不仅分享了作为母亲的艰辛与喜悦，还传递了一种教育理念：在孩子成长的过程中，父母的陪伴和支持是至关重要的。

文章的叙述细腻而真挚，从儿子的婴幼儿期到青春期，作者始终坚守在孩子身边，无论是在物质上还是在精神上都给予孩子充足的关爱。在面对生活挑战时，作者选择了坚守和陪伴，这种坚持不仅让孩子感受到了家庭的温暖，也为孩子树立了积极向上的榜样。

文中作者提到了在孩子成长过程中遇到的一些具体问题，像如何处理与同学的冲突、如何面对自己的自尊心等，作者都以平和、理解和引导的方式帮助孩子解决。这种教育方式体现了作者的智慧，她没有简单地告诉孩子该怎么做，而是通过沟通和引导，让孩子学会自我思考和自我成长。

此外，作者在文章中也表达了对孩子未来的期望，希望孩子能够有主见、有思想、有抱负，并且强调了作为父母，他们愿意成为孩子成长路上的支持者、陪同者和见证者。父母的爱和陪伴是孩子成长道路上最宝贵的财富。这种教育理念和家庭氛围对孩子的成长无疑是非常有益的。（点评人：烟台市福山区门楼兜余小学　胡晓玲）

第十四讲　选择教法能力

家长朋友们，教育孩子有各种不同的方法，不同的教育方法会产生不同的教育效果。因此，在孩子成长的路上，我们要学会选择适当的教育方法，这也是我们作为家长应具备的一项关键能力。这一讲，我们就来讲讲这个问题。

一、选择教法的含义

我们经常会听到学校教师谈论教法，这里的教法是指学校教师对于孩子学习的教学方法。引申到家庭教育中，就是我们家长对孩子教育的方法。

"教学有法，但无定法，贵在得法。"教和学是有规则和方法的，要有方向和目标，但是教的时候没有必须遵守的方法，只要能达到教学目标，可以采用一切合法的、合理的方法，最重要的是针对不同对象，采用不同的方法，找到最适合的方法才是得法。

同样的，在家庭教育当中，教育孩子是有方法可循的，对不同年段、不同特点的孩子应有相应的教育方法。但是世界上没有一模一样的两片树叶，也没有一模一样的两个孩子，即使是双胞胎、三胞胎也是不同的。因为除了天生的气质类型，遗传因素、家庭环境、社会文化、教育背景等因素综合起来决定了每个孩子都是独一无二的，所以教育孩子没有固定的方法，同样的教育方法在积极型孩子身上有用，在忧郁型孩子身上可能起到相反的作用。所以，家庭教育的前提就是我们首先要了解自己的孩子，根据孩子的心理发展、年龄特点、性格、爱好等选择适合的教育方法。也就是说，合适的才是最好的。

所以，选择教法的能力，就是家长在了解孩子基础上进行因材施教的能力。

二、如何选择教法

对于选择教育孩子的方法，我们有两方面的建议。

第一，了解孩子每个成长阶段的特点和教育内容。不同的教育内容需要选择不同的教育方法。孩子的身心发展是有一定规律可循的，美国新精神分析派的代表人物埃里克森把孩子自我意识的形成和发展划分为八个阶段，分别是婴儿前期、婴儿后期、幼儿期、童年期、青春期、成年早期、成年中期和成年后期。孩子在每一时期都有自己的发展任务，家长可以针对不同年龄段的教育内容选择教法。下面，我们详细谈一谈孩子在幼儿期、童年期和青春期发展阶段的教育内容和教法选择。

幼儿期（3～6岁）：这一时期，孩子们的主要任务是克服内疚感，获得自主性。这一时期的孩子们会表现出强烈的探索欲望和主动的探究行为，我们要给予孩子支持和鼓励，这样孩子的主动性和责任感就会得到发展。此时，如果对孩子要求过高，就会导致他出现过分控制或退缩行为，孩子可能害怕犯错、缺乏价值感、无助和内疚，出现回避风险、撒谎、磨蹭、拖拉、敷衍、黏人等现象。

童年期（6～12岁）：这一时期的孩子正好处于小学阶段，他们面临的任务是获得勤奋感、克服自卑感。具体来说，孩子在学校里获得知识、技能，如果他们能够顺利完成学习任务，那么就能获得勤奋感，这会给他们未来的生活带来信心。而如果孩子无法很好地完成学业，那么就可能会获得自卑感，他们要做的就是努力让自己的勤奋感大于自卑感，这样就能提高自己的能力。

青春期（12～18岁）：孩子升入中学，也就意味着进入了青春期。在这一阶段，青少年的本能冲动会让他们面临新的困扰，主要是建立自我同一性和克服角色混乱。自我同一性指的是青少年想让别人对自己的感觉和自己建立的自我感觉相一致，所以他们非常注重自己的形象。角色混乱则是青少年对自己的方向、角色迷失，甚至可能出现异常行为。

第二，学会顺其善而教和顺其愿而教。这是我们从中国传统文化的角度给出的建议。对于幼儿园的孩子，我们建议用"顺其善而教"；对于大一些的孩子或是小学四五年级到初中的孩子我们建议"顺其愿而教"。

何谓顺其善而教？就是顺着孩子的本善天性，循循善诱，引入大道，有道就会有德。什么叫顺着孩子的本善天性？我们作为家长，教孩子首先要知道一个大前提，孩子天性叫"人之初，性本善"，教育正是从这里开始。孩子有善根，我们把那个善根给培出来、养出来。能培养出来是因为他本来就有（李柏映，2017）。

所有正确的行为都可以从本善生发出来。本善是根，由此开出了各种美德的花朵。孩子的成长过程就是他和这个世界不断互动的过程，他感受到了别人，乐于为别人服务，又收获了快乐，那种快乐弥漫在他的内心世界，他觉得真好。就这样一次又一次，孩子感受别人的能力会变得很强，他的内心每天都是欢喜的，一个好孩子出现了。

所以，顺其善而教，这个方法就这么简单，看明白了，教育其实不难。

顺其愿而教，在家庭中，关键是对于愿和行的确认。什么是愿？是真善美。希望成为一个什么样的人？这是上进心。希望看到自我成长，能够走进社会，有朋友，实现自我价值（李柏映，2017）。这个行是什么？就是孝道、诚敬、利他、感恩、勤俭、爱国，简称"六德"。

家庭教育最常见的错误就是家长给孩子设计的目标不完整，唯分数论，只有单一目标。我曾经教过一个学生，两次高考失利，坐在自家阳台上险些跳楼，参加中学生班第四天，他在小组里流着眼泪说："我的人生有希望了！我的人生有希望了！"看着可怜的孩子们，作为他们的老师，很心疼。古往今来，考不上大学而成就一番事业的人数不胜数，所谓优秀生后来泯然众人甚至犯罪的也很多。

顺其善而教激发的是本善，顺其愿而教激发的是智慧。顺善、顺愿而教，这两种方法很好用，但是对老师和家长的要求很高，家长和老师如果不明理，不知教育原理，这两个方法用不出来。不少家长和老师要么只抓分数，要么就是只知道提要求，不讲方法。因为不知心、不明理，每天都是强迫式语言，给我站直了，给我写作业去，罚你抄一百遍，孩子们很苦。那应该说什么？"同学们，今天下午是咱们班级一展风采的时候了，老师要看一看，我们做好了准备没有？""老师，我们准备好啦！"——顺其愿而教。

顺其善而教，偏重于习惯养成，适用于年龄较小的孩子。顺其愿而教，偏重于明理，适用于年龄较大的孩子。这两个可以循环使用、交互使用。

我们知道的孩子未必知道，理解孩子才能教导孩子，不是在行为上去斥责。所有的错误必有其因，所以要知其心，回到他的认知世界，帮他调整过来，这很考验家长和老师的水平。我们在孩子身边，大量的语言使用都是顺其善、顺其愿而教，这种语言模式可以成为一种职业惯性。走进课堂一站，"各位同学，我能为一批有远大理想的年轻人讲一堂课，感到非常骄傲。那么，远大理想该从哪里起步？谁来告诉我？"这种讲课模式能抓住学生的心，整堂课都可以这么设计。人人有善，人人有愿，用好他的善，用好他的愿。

总之，家长要不断学习，了解孩子内心世界，降低期望，尊重孩子，相信孩子，激发孩子自我管理的内驱力，做一个自律自强、有担当的人。教育孩子，作为家长要多一些思考，选择适合的教育方法至关重要。让我们一起学习，更好引领孩子成长，努力做一名合格的家长。

家庭教育故事：热炉法则助力培养孩子的规则意识

在班级管理过程中，经常会遇到各种各样的不守规则的现象。比如上课铃声结束后有的孩子还没有进入教室，就会影响课程内容的开始讲授；比如，有些孩子桌洞乱糟糟、地面有垃圾，就会影响整个教室的干净整洁……如何有效解决这些问题，帮助孩子养成遵规守纪的好习惯呢？企业管理中有个热炉法则，我觉得是个非常好的工具，能高效助力孩子养成良好的规则意识。

什么是热炉法则？

热炉，顾名思义，烧热的火炉。当人用手去触碰时，就会被烫伤。国有国法，班有班规。这国法和班规就相当于这个烧热的火炉。孩子处在班级这个集体中，当他违反班级规则时，班级规则这个火炉就会烫伤他，就会让他承担相应的后果。

比如：我曾经接过一个四年级的班级，刚开始很多孩子上课不能应铃入教室，而且长时间安静不下来，影响上课效果。我就运用热炉法则高效解决了这个问题。如何运用呢？需要遵循四个原则：警告性原则、即时性原则、一致性原则、公平性原则。

1. 警告性原则

热炉火红，不用手去摸，也知道炉子的温度很高，是会灼伤人的。这就告诉孩子们，规则就是火红的热炉，我们要正视它的存在，不要违反。一旦违反，就要承担相应的后果。

这个火炉就是准时上课的规则：第二遍铃声音乐一停，屁股要坐在椅子上，同时两手放在桌面上，开始静坐3分钟。若有违反，承担后果——靠墙蹲一分钟。

事情做到这一步，每个孩子都清楚地知晓：有个火炉摆在这里，只要碰触就会被烫。规则就是这样，违反就要承担后果。

这里我做到了以下两点：

一是给孩子明确、具体、可量化的标准。准时是个啥概念，到教室门口是不是准时，站在座位旁边算不算准时？双手没有放在桌面上可不可以？……都不可以。只有屁股坐在椅子上、双手放在桌面上这两个条件同时具备才算准时。这个标准是看得见摸得着，可以衡量的，没有一丝模棱两可。

二是"约定"，而不是要求和命令。规则的建立不是单方面的，一定是基于尊重和平等的基础上建立的。"约定"做到了尊重孩子，平等地对待孩子。否则孩子学到的不是规则，而是强权，甚至是特权。实践结果也证明：因为是"约定"的规则，是我们师生双方都认可的，所以孩子们更愿意遵守，效果也更好。

2. 即时性原则

当你碰到火红的热炉时，立即就会被灼伤。这就告诉孩子们，一旦违反规则，承担后果立即进行，绝不拖泥带水。

第一节课，一些孩子因为各种原因迟到了。每人依次说明准时上课的规则是什么，自己违反了哪几项，需要承担什么后果。马上执行，毫不含糊。无论什么理由，无论时间长短，都是没有做到准时上课。这个原则让孩子知道做错事不找借口，不找理由，不把责任推给别人，一切向内看，进行自我批评。

3. 一致性原则

只要你一碰到火红的热炉，就会被灼伤，没有特殊情况。火炉你这次摸烫手，下次摸还是烫手，从不例外。规则今天违反这样，明天违反也这样，无论什么时间违反都这样，前后都是一致的。不会出现这次执行，下次不执行的情况。否则规则就成了摆设，没有效果了。

于是，接下来的第二节课，第三节课……每次上课都是如此。只要没有准时上课的同学都会承担后果，无论你是第几次，只要违反就如此。

4. 公平性原则

不管谁碰到热炉，都会被烫伤。不论男女老少，不论老师还是学生，规则面前，人人平等。规章制度的执行，大忌就是"刑不上大夫"。如果规章制度对一部分人严格，对另一部分人宽松，那么比没有更糟糕。

为了体现这一原则，有一堂课，我故意迟到了几秒钟。有个很调皮的孩子，胆子稍大点，他嘟囔了一句说"老师你迟到了。"其他同学立刻齐刷刷地转头看他，接着迅速转回看我的反应。我心里很开心，这正是我想要的效果。我边走向讲台放课本边环视教室一周，最后把目光放到那个同学身上真诚地说："涵宇，谢谢你的提醒，老师承担违反规则的后果。"于是我立刻走到教室边上，开始靠墙蹲一分钟。孩子们一看我来真的，顿时纷纷说"不用老师，你不用承担。"为什么孩子会有这样的反应？因为他们认为规则是给学生定的，老师可以不遵守。而我按规定做了，接下来继续上课。这节课上得特别顺利，孩子们带着尊重、带着敬佩听课，效果特别好。

由于运用了热炉法则的这四个原则，准时上课的孩子们越来越多，一段时间后，所有孩子都能做到准时上课，即使课间因为被老师留下而迟到的孩子也会主动承担责罚，没有找任何借口来逃避。甚至有几个孩子故意迟到，第二遍铃声结束后再往自己的座位上走。因为他们想和我一起下课做靠墙蹲的运动。当然我用另外的方法解决了孩子们既遵守了规则又能像我一样靠墙蹲的问题。

准时上课这一习惯养成之后，我把热炉法则又用到了其他班规上，助力了良好的班风建设。那一年，孩子们的进步非常大，无论是学习成绩还是其他班级活动，这个班级也由后进班级一跃成为级部的领头羊，看着教室里一张张奖状和月月得到的流动红旗，孩子们都特别开心与满足。我也因运用热炉法则管理班级工作而事半功倍。

作者：贾相荣

点评：作者成功地将企业管理中的"热炉法则"巧妙地运用到小学班级管理中，实现了对学生规则意识的有效培养，深刻体现了尊重学生主体地位和公平公正原则的现代教育理念。

首先通过深入浅出地阐述"热炉法则"的四个核心原则——警告性原则、即时性原则、一致性原则和公平性原则，将其与课堂常规管理相结合，让学生明白遵守规则的重要性以及违反规则必将承担相应后果。在实际操作层面，作者十分注重规则制定过程中的平等沟通与约定，避免强权式命令，让孩子真正参与到规则共建中来，既增强了孩子们对规则的认同感，也提升了他们的自我约束力。

通过热炉法则的应用，作者有效地帮助孩子们养成良好的遵规守纪习惯，课堂纪律明显改善，孩子们的规则意识得到显著提升。这一成功的实践表明，作者的教育方法既符合科学有效的教育心理学原理，又充满人文关怀，能让每一个孩子在轻松愉快的学习氛围中成长进步。（点评人：烟台市福山区河滨路小学　王涛）

家庭教育故事：与"小蜗牛"一起探索：
从垃圾桶开启的家庭教育之旅

　　我是一名小学教师，深知家庭教育的重要性，在我尚在孕期时，便做了大量的养育功课，养育方法千千万，每个孩子却是独一无二的，养，难，育，更难，但总之，我做好了准备，准备牵着一只"小蜗牛"，不急不躁，慢慢走。

　　在我的"小蜗牛"大约一岁的时候，他开始蹒跚学步，小步子颤颤悠悠，小手指指画画，对世界的一切都很好奇，但没想到——最令"小蜗牛"感兴趣的却是：垃圾桶！不记得这份钟情具体始于哪一天，但从那一天开始，不论刮风下雨，小家伙每天的遛弯路线便是巡逻完小区的所有垃圾桶，瞧，小家伙老远看见垃圾桶，便情绪高涨起来，俨然成为小区的垃圾桶巡逻员。春秋季节，尚好，炎热的夏天，小家伙还要我们抱起来，凑近了，小手点一点，再趴下身子，满意地看着它的"宝藏"，那味道，直冲脑门。对此，我们一家人深受其扰，想着怎样才能让小家伙不再对垃圾桶情有独钟呢？

　　有一天，在又一次围绕臭气熏天的垃圾桶转了几圈后，"小蜗牛"的奶奶忍不住了："垃圾桶臭死了，不要喜欢垃圾桶，哪个乖宝宝喜欢垃圾桶？"此时的"小蜗牛"一定满脑袋疑惑：为什么不能喜欢垃圾桶？为什么喜欢垃圾桶就不是乖宝宝了？是啊，我也充满了疑惑，为什么呢？突然，头脑中的一根脉络被打通，喜欢垃圾桶，不伤害自己，又不伤害别人，有何不可呢？我们常说"认可孩子"，可连孩子初次认识世界，"不伤人不害己"的爱好都要否定，怎么能是认可呢？每个人都有自己的兴趣爱好，其他人不能勉强，也不应勉强。对于大人而言，这一点大家都能达成共识，闲暇时光的爱好，只要是积极向上的，大家都能接受。但是对于孩子，我们在这一点上的认识就较为模糊，总是喜欢以大人的眼光来看待孩子的爱好，干涉孩子的爱好，甚至否定孩子的爱好。这怎么能是认可呢？

　　在想清楚"垃圾桶"这一爱好并非不可之后，我心中便明朗了。这不正是我和"小蜗牛"体验世界的好机会吗？

从此，我们一起"喜欢"上了垃圾桶，我们一起牵着手去看小区里的垃圾桶，我们认识了数字，认识了颜色，学着跟环卫工人打招呼；我们一路跟着小垃圾车，看怎么将垃圾倒进大垃圾箱，跟环卫工人混熟了，"小蜗牛"还亲手按过卸垃圾的遥控，知道红色代表着停止；我们曾驾车跟着大垃圾车到大型垃圾场，原来一天的垃圾有这么多……你一定能想象到小家伙做这些事情时的那份惊奇……

从此，我们一起"研究"起了垃圾桶，网络上搜集到了专门介绍垃圾回收分类的动画片，无奈是英文，可偏偏兴趣使然，天天看，天天听，竟意外开启了小家伙的英语启蒙之路，当小家伙尝试用英语来给家人介绍垃圾如何分类时，你也一定能想象到小家伙脸上的那份骄傲与自豪……

从此，我们一起"体验"了垃圾桶，我们曾到公园里一路捡拾垃圾丢进垃圾桶，知道要保护环境，垃圾有垃圾的家；我们一起用积木搭建垃圾桶、垃圾车，小小的他竟然能独立做出活动式的后门；我们曾在小家伙的生日，一起做过"垃圾车蛋糕"；我们还曾用废纸箱子一起做过"真人版垃圾车"……你也一定能想象到小家伙做这些事情时的那份开心……

因为认可了这份与众不同的爱好，因为体验了这份与众不同的爱好，才解锁了育儿路上的那些意外之喜，才让我尝到了亲子共同成长的甜头。我很高兴，当小家伙有第一份"爱好"时，我能蹲下来，像一个孩子一般，和孩子一起去体验、去探索，从小小的垃圾桶体验出大大的世界。我相信，那些畅快淋漓的喜爱，那些振奋人心的快乐，那些洋溢飞扬的自信，一定会永远留在小家伙的心里，他会永远记得妈妈曾陪他一起体验过这个世界上微小却伟大的快乐！教育在自然发生！

体验世界，让教育自然发生，这不仅是一种教育方式，更是一种生活方式。当我们与孩子一起体验世界时，那宝贵的亲子时光，不仅可以认识世界、传授知识，更可以培养他们的好奇心、想象力和创造力。在以后的生活中，我们也不妨带着我们的"小蜗牛"，用体验的方式，用孩子的方式，认识世界更多的美好，让教育自然发生：在春夏秋冬，季节更替时，我们可以到大自然中观察各种各样的叶子；在雨雪雾霜，天气变幻时，我们可以伸手抓雾，低头触霜；在秋香四溢，瓜果成熟时，我们可以一起去田间地头体验丰收的快乐……

我想，世界是什么样子的，需得孩子自己去体验、去实践。让我们一起牵着"小蜗牛"，不急不躁，慢慢走，在体验世界的过程中，让教育自然发生。让我们与孩子一起探索、一起成长，让这段旅程成为我们共同的美好回忆。

作者：杜俊英

点评：本文写的是教法应用能力，作者通过"小蜗牛"初认垃圾桶的那份"喜欢"，"研究"垃圾桶的那些快乐，"体验"垃圾桶的那种执着，教孩子了解垃圾分类和学会保护环境，在一次次的陪伴和体验中尊重孩子的天性，鼓励孩子用自己的方式去探索、发现世界的美好。

通过体验和实践，孩子们可以亲身感受到世界的多样性。他们可以看到不同的文化、风俗和习惯，可以接触到各种各样的人和事物，可以经历各种各样的情感和体验。这些都将丰富他们的视野，拓宽他们的思维，让他们更加包容和理解不同的观点和文化。同时，体验和实践也是孩子们成长和发展的重要途径。在体验中，他们可以学习到如何解决问题、如何与他人合作、如何独立思考等重要的生活技能。在实践中，他们可以锻炼自己的意志力、耐心和毅力，培养自己的自信心和责任感。（点评人：中国烟台赫尔曼·格迈纳尔中学 刘双双）

第十五讲 亲子沟通能力

家长朋友们，沟通能力是我们非常熟悉的一个概念，我们每天与人交往，时时处处都需要沟通能力。从定义上讲，沟通能力是指通过听、说、读、写获取信息并传达信息的能力（柴文娟，2024）。既然是能力，就有强有弱，我们先请大家来反思一下，你的沟通能力怎么样呢？

为什么要作这样的反思呢？因为我们都知道，沟通的目的是达成沟通，但是生活中你会发现，很多人其实是不管是否达成了沟通，而只顾自己认为是否做了沟通这件事情。这样就会出现一个问题，你以为你和孩子沟通了，但实际上，有可能有效沟通根本没有完成，甚至不仅没有实现有效沟通，反而让事情变得比原来更糟糕。为什么沟通这件事情看起来简单，真正实现良好沟通却很难呢？这是因为沟通本身是一个看似简单实则复杂的过程。信息要传达给对方，是需要把原始信息进行一系列编码然后进行发送、传递、接收这样的一个过程。我们知道，每个人的编码方式是不相同的，所以在这个过程中就容易产生很多的沟通不畅。那么，如何才能具备良好的沟通能力呢？下面我们将从影响沟通的三大要素、有效沟通的原则、如何倾听和如何说话几个方面来谈这个问题。

一、影响沟通的三大要素

影响沟通的要素很多，今天我们来看心理学家艾伯特·梅拉比安提出的人际沟通最重要的三点因素以及各自在沟通中所占的比重。

1. 态度，包括动作和表情，占55%。

2. 语气，占38%。

3. 内容，占7%（金川显教，2021）。

从这三大因素里我们不难看出，日常我们家长说话时往往最关注的说话的内容，仅仅在沟通中起7%的作用，这也就不难理解，为什么家长明明和孩子说的话都是对的，孩子却根本就不听，原因就是内容之外的因素起着关键的作用。生活中我们大概都有过类似的经验，比如，你生病了躺在床上。爱人做了饭，对你说："起来吃饭了。"这样的一句话，内容完全一样，用不同的态度、语气来说，我们的感受可以是完全不同的。所以，作为家长，要时时觉察，我们在和孩子说话的时候，态度是怎样的？语气是怎样的？有没有尊重？有没有平等？孩子感受到的是爱还是伤害？有这样的反思和觉察，会有助于良好亲子沟通的进行。

二、有效沟通的原则

有效沟通的原则，包括以下四方面的内容。

1. 认可自己的感受。

2. 认可他人的感受。

3. 表达自己的想法。

4.不做批判性评价。

这四项内容看起来很简单，但是在实操过程中，大部分人都做错了。比如第一项内容，认可自己的感受，由于养育方式以及周围的环境，导致很多的人的感受被压抑，我们认为表达自己的感受是不对的，特别是我们的伤心、痛苦、郁闷、压抑等负向的感受。举个例子，孩子打预防针时，疼哭了。家长的第一句话往往是："至于吗？有那么疼吗？不就是打个针吗？……"再比如，孩子和同学闹矛盾，非常生气，回到家来和家长诉说，家长如果是一句话："同学之间，这么点事，你看看你，这就过不去了！"仔细研究会发现，很少有人能够勇敢地表达自己的感受，而通常会选择压抑感受，掩埋了自己的感受。

其次，作为家长，作为家人，我们有时会不顾忌他人的感受，通常一张口，说出来的就是指责。比如老公应酬喝醉了回家，明明我们内心知道他也是无奈，也是为了家庭、为了工作，本来张口可以说："我知道，你也不想喝这么多酒"，但往往出口却是："你喝这么多酒干什么？你不活了啊！"不同的表达，带来的结果当然也是不同的。

再次，清楚明确地表达自己的想法，也是家长需要做的功课，对于家长来说，这一点是这四点中比较容易做到的。

最难的应该是最后一条，不做批判性评价。很多家长习惯于发表评价，"一点也不负责任""怎么总是这么慢"这样的话往往张口就来。就算事实是如此的，但孩子一旦接收到这样的批判性评价，很可能就会启动自我保护机制。长此以往，势必影响亲子关系。

下面，我们用一个例子来对比一下传统的沟通方式和一致性沟通的区别。比如孩子长时间玩手机，妈妈生气了，想管孩子，那么通常家长怎么说呢？"你看看你，从吃完饭就什么也没干，一直坐在那里玩手机，你的眼睛不要了啊？赶紧把手机关了，你看看你，一点也不自觉。"脑补一下，孩子被家长这么一说，内心什么感觉？孩子会怎么做？有可能放下手机，也有可能压根没变化，但不管怎样，内心一定是不舒服的。

如果用一致性沟通可以怎么说呢？家长可以说："儿子，看到你从吃完饭就一直在坐着玩手机，妈妈非常担心你的眼睛。我知道手机游戏是一件非常吸引你的事情，在玩游戏的过程中你很快乐，但出于健康的考虑，妈妈希望你每天把玩游戏控制在一定的时间内。"或许很多家长会说：这样的沟通也没有用啊，说了他也不听，该玩他还是玩啊！我们要知道，一致性沟通的目的是来达成良好沟通的，它并不一定能解决问题，因为要想解决孩子玩手机的问题，不仅仅是一个沟通的事情，它涉及孩子从小的自我管理能力、家庭的规则意识、亲子关系等方面的问题。

三、如何倾听

在生活中我们不难发现，太多的家长擅长说，但不擅长听。既没有倾听的愿望，也没有倾听的能力。总认为孩子小，他们说的话不值得听，没有价值，我们是成年人，所以要求孩子听家长说，听家长的话。这就会出现几个问题，一是家长不倾听孩子说话，这传达出来的信息是家长对孩子的不尊重，家长不尊重孩子，就会导致孩子没有自尊、没有自信，这也一定不是家长希望看到的结果。二是家长没有给孩子示范如何倾听别人说话，所以孩子就同样没有倾听的能力，而倾听能力，不仅关系到亲子沟通的效果，同时对孩子未来的学习能力也起着至关重要的作用。三是家长不倾听孩子说话，孩子凭什么倾听家长说话？我们都期待孩子能听话，那我们不听孩子说话，孩子不听家长说话是不是也是正常的？所以，倾听是沟通的基础，是实现良好沟通的前提。下面，我们从倾听的意义、倾听的形式和倾听的要点来学习如何倾听孩子说话。

1. 倾听的意义

"倾听"与"听"不完全相同。倾听是指用尽力气地听、全力以赴地听，因此，倾听是一种从精神上到情感上关怀孩子的重要方式，它对亲子关系起着重要的基础作用。一个好的沟通者，首先是一个善听者。在倾听的过程中，往往会自动帮助孩子摆脱掉负面情绪。

2. 倾听的形式

倾听的形式有行动倾听和言语倾听两种形式。行动倾听是指在活动中完成倾听行为。比如和孩子一起玩假装开枪的游戏，孩子一用手势做动作，家长就假装倒下，这个过程就是一个用行动表达完成倾听的过程。因此，家长要抽时间和孩子一起游戏，让他笑，让他主持游戏。当然，也可以专门安排时间，与孩子一起进行体育、娱乐等活动。特别是在孩子还小的时候，他的语言发展还不成熟，这时，倾听的方式就显得更为重要。言语倾听就是指我们平时在交谈中完成的倾听行为。

3. 倾听的要点

我们应该如何倾听孩子说话呢？

一是要全神贯注。家长是否做到了全神贯注，孩子是能够感受到的。我有个朋友和我说起孩子的敏感性，有一天他和孩子打电话，打电话的时候他正在忙点事情，所以就三心二意地和孩子说着话。孩子很快就感受到了，既然妈妈这么不用心，就没有了倾诉的欲望，很快就挂断了电话。大家想，隔着电话线，孩子都能清晰地感受到家长的状态，何况是面对面的交流呢？所以，全神贯注是倾听的前提。

二是要有应答。比如"嗯""哦""是这样的"，如果长时间没有应答，即使你还在认真听，孩子也会以为你掉线了。大家有没有过这样的经历，说着说着，对方问你：你还在听吗？这其实就是在告诉我们，对方需要一个回应，否则不确定你是否还在听。

三是不要轻易打断孩子说话。如果家长能够做到认真倾听，孩子往往会越讲越多。在《窗边的小豆豆》里有一个情节，小豆豆第一天去学校的时候，学校要面试，而所谓的面试，就是小林校长听小豆豆讲了四个小时的话，这件事情给了小豆豆极大的满足，也让小豆豆终生难忘。大家想，我们是否有能力、有耐心，能忍住不打断孩子，倾听孩子讲四个小时的话？所以在听孩子说话的过程中，我们要切记：在孩子没有把话说完的时候，我们一定不能粗暴地打断孩子，否则就不可能像小林校长对小豆豆那样，可以连续听孩子四个小时的讲话。这对于家长来说或许很难，但是如果想在养育孩子的路上越走越好、越走越省心，我们家长务必要做到。

四、如何说话

说完了"听"，我们再来聊聊"说"。有了倾听做基础，剩下的就看我们如何说了。在这里，想和大家分享的是，作为家长，要学习好好和孩子说话。什么是好好说话呢？我们从下面几个方面来谈。

1. 变反问句为陈述句

家长或许没有注意到，生活中很多时候我们喜欢说反问句："你看看你的字，写了些什么？""你怎么还没写完作业？""你怎么搞的，能不能快点？""脱下来的袜子能不能不乱放？""和你说了多少次了，用完了的东西要放到原来的地方，你怎么回事，没长耳朵吗？"大家仔细感受一下，当孩子听到这样的话时，他感受到的是什么？是不是被指责？那么，我们就要想一想，你是否喜欢一个整天指责你的人在身边唠叨你？相信我们没有一个人会喜欢。人一旦感受到了被指责，那么防御心理和对抗心理就会升起，就不会再听家长的建议。所以，作为家长，一定要把说话的方式，从疑问句改为陈述句，比如："儿子，我们时间到了，再有三分钟必须出发了。""姑娘，脱下来的袜子要放到洗衣篮里，来现在把袜子拿过去放好。"大家感受一下，当家长这样表达的时候，孩子是否愿意听家长的话呢？只要在亲子关系正常的情况下，孩子都会好好配合父母，都会愿意按照要求去做的。

2. 变盯着缺点为多看优点

挑毛病是大部分家长的天性，因为我们从小也是在被挑毛病的环境下长大的，所以我们也习惯性地挑孩子的毛病，我们怕说孩子的优点，孩子会骄傲、会飘，所以我们会把孩子做得好的地方视为理所当然，在孩子做得不好的地方锱铢必较。但孩子还小，他的价值观、他的自我评价很大程度上依赖家长的反馈，所以如果家长总是挑剔孩子的毛病，不仅不利于孩子改正缺点，而且会让孩子丧失自信。比如孩子字写得不好，我们往往一棍子打死，吼他：你写了些什么？罚他撕了重写。但你会发现，这样的做法，除了家长生气、孩子不高兴之外，很难带来好的效果。但反之，如果我们从孩子写的作业里，用心挑出几个写得好的字，然后告诉孩子：这几个字写得真好，照着这样写。那么孩子就会心里美美的，心情好，当然做事情就更容易做好了。所以，沟通中摆在家长面前一个很重要的事情是家长要改变思维模式，把从习惯性地挑孩子缺点变为多看孩子的优点，多看孩子做得好的地方，这样反而更容易让孩子越来越愿意把事情做好。

3. 变驳斥为接纳

生活中我们会发现，孩子和家长说个事情的时候，家长很容易反驳孩子的观点，不接纳孩子的情绪。比如，孩子回家诉说和同学闹矛盾了，很生气。家长往往说的是：这么点事，有什么好生气的？人家正生气难过呢，你告诉人家没啥好生气的，这是赤裸裸地否定和不接纳啊！所以孩子转身就走了，切，不和你说了。生活中你会发现，进入青春期以后，很多孩子对家长关上了心门，没有了和家长沟通的欲望。其中，很大程度上来源于以往孩子和家长倾诉，没有得到同理、接纳，没有得到愉快的响应，而是被批评、指责，那么经过几次之后，孩子就会不再自讨没趣，就会像蛤蜊一样，一回家就把嘴闭上。亲子关系中最危险的事情是沟通渠道关闭，一旦关闭，家长就很难了解孩子的状态，就会迫使孩子向外人求援，而在向外求援的过程中，可能遇到的是好的援助，但也非常有可能，遇到的并非是有益的援助。这样，家长对孩子的教养就会失去重心，无法掌握。所以家长一定要掌握一项基本功，就是无条件接纳孩子的情绪，孩子和同学闹矛盾了，家长可以说：嗯，这件事情确实让你很生气。孩子被老师冤枉了，很委屈，家长不要习惯性地说："老师也是为你好！"可以改成："嗯，老师这样说，确实是冤枉你了。"孩子的情绪有个特点，当它被看见的时候，很容易就下去了。所以当家长能够无条件接纳孩子情绪的时候，往往是孩子处理情绪最大的力量（罗辉，2024）。

沟通是个大话题，它决定了亲子关系的质量，作为家长，不仅要学习沟通技巧，更重要的是要改变我们对待孩子的态度，能够站在对方的立场，无条件接纳孩子，做到信任、理解、尊重，然后改变原有的习惯性说话方式，做到内外一致、正确地表达自己的感受，这样，才会让孩子敞开心扉，良好的亲子关系才能够建立。有了良好的亲子关系做基础，家长才能够对孩子的成长进行有效的引领和帮助。

家庭教育故事：学会表达，学会爱

"妈妈，妈妈，我数学考了96分！"公交站点等公交车时，一个年龄大约十岁的男孩，兴奋地大声对妈妈说，孩子瞪着亮晶晶的大眼睛看着妈妈，满怀期待地等着妈妈的反应。"语文和英语都考了多少分呀？"妈妈冷淡而平静地问道，"语文90分，英语86分"孩子脆生生地答道，"笨蛋！怎么就打了这么点分？！"随着妈妈的呵斥声，男孩眼里的光逐渐地黯淡下去，头也慢慢地低下去，直到公交车来，再没有说话。

　　看着男孩子由欢快、期待到落寞、难过，我既心疼孩子，又替孩子妈妈难过——明明爱孩子，孩子却感受不到！谁能说这位妈妈不爱她的孩子呢？如果不爱，就不会三九天在寒风中等着接孩子！难道妈妈真的感觉孩子很笨吗？当然不是！如果妈妈真的感觉孩子笨，当她听到孩子考了这么好的成绩时，肯定会高兴地蹦起来。妈妈既然爱孩子，又觉着自己的孩子很聪明，那为什么会说出与自己心意相反的话来？我的理解是妈妈想用自己的严厉来激励孩子，让孩子更优秀。可是这样的爱，孩子能感受到吗？

　　我不由得想起儿子三年级时发生的一件事。一天，儿子回家后很不开心地说："妈妈，我这次考得不好，数学才考了87分。"我看着孩子失落的样子，走到他面前坐下来，一边拉着他的手，一边搂着他的肩膀，温和地说："你对自己考87分不满意，是吗？"儿子不开心地嗯了一声。"你知道考试的作用是什么吗？"儿子不明所以地抬头看着我，"考试就是检查前段时间学习上的漏洞，通过考试把学习上漏洞检查出来了，我们把这些漏洞及时补上，就会为下一阶段的学习铺平道路。这些漏洞就像一个一个的陷阱，如果我们不及时地补上，那么在接下来的学习过程中一遇到前面没补上的漏洞，就会掉进去，要想不掉进陷阱里，或是想很快从这些陷阱里爬出来，就要赶紧把这些漏洞补上。分数只是批卷子后的一个结果，分数多少并不重要，重要的是把这些漏洞补上，为下一阶段的学习扫平道路。"我笑眯眯地看着儿子，从儿子的表情我看出，这时的他已经不太难过了，我又接着说"妈妈倒认为你考87分很好，满分100分，你只有13个地方不会，说明学得很不错嘛，只有这13分的漏洞，很快就能补上。需要妈妈陪你一起看看吗？"儿子说："不用，我都会了。""那太好了，这样下次考试，你只要考88分都是进步。"儿子傲娇地说"哼，90分都没问题！"

　　在充满爱意的沟通中，儿子明白了考试的意义，知道了考试的分数并不重要，重要的是对知识的学习与掌握，爸爸妈妈对考试分数并不焦虑，所以他对自己的学习，有着浓厚的兴趣但没有压力，对考试有紧张感但没有恐惧，对考试分数有期待但不焦虑。大学四年均分90多分的儿子放弃保研，今年九月份即将去国外求学，对于学习，他一直保持着浓厚的兴趣。

　　当我们和孩子沟通时，他听到的只起7%的作用，剩下的93%都是缘于感受到了我们的肢体语言，缘于看我们的表情神态、听我们的语气语调。

所以在和孩子沟通后，孩子最终接收到了什么就看我们当时怎么说、怎么表达。当我们用满怀爱意的表情，加上温和的语气及温柔的肢体动作与孩子沟通时，孩子就会感受到我们的爱意，自然而然地接受我们所要表达的内容。

比如文前那位妈妈，当孩子满心欢喜地对她说数学成绩时，妈妈这时如果也是满眼欣喜地拉着孩子的手或是摸着孩子的头，拍着孩子的肩膀对孩子说："哇！祝贺我的宝贝儿，你的成绩与你的努力是分不开的，你平时的付出我和爸爸看在眼里，喜在心上，加油！"孩子通过妈妈的语言、语气、动作能感受到妈妈对自己的爱、欣赏和鼓励，他会更加努力、快乐地学习和成长。

孩子在成长，父母也要成长。虽然粗暴的沟通行为，很容易产生立竿见影的效果，但是等孩子长到拥有反抗父母能力的时候，他就很难再"屈从"于父母的权力之下；父母难免会对孩子有惩罚，有责骂，但我们要知道"下意识"的语言背后，我们真正想表达的是什么，我们要表达的爱，孩子是否能感受到。

陪伴孩子成长的过程中，作为成年人的我们要学会管控自己的情绪，对自己的身份和责任有明确的认同，当与孩子交流时说什么很重要，但更重要的是把握好自己的肢体语言、表情动作、语气语调，确保我们的爱能让孩子感受到。爱只有被感受到，爱的能量才会在亲子之间流动，孩子感受到了我们的善意，才能用爱和信任驱动内在动机去成长。

每个孩子都需要平等的交流，都需要有互动的沟通。只有被温柔对待的孩子才能形成自尊、自信、独立的人格，而这些，才是孩子面对未来时，最强大的实力和支撑。

作者：胡晓玲

点评：没有哪一个父母不爱自己的孩子。可是我们会爱孩子吗？我们父母的爱是孩子需要的吗？孩子们感受到父母的爱了吗？生活中有多少孩子用厌学来回报父母的付出，有多少孩子和手机做伴，不愿和父母多交流，又有多少孩子发出这样的声音："妈妈，我恨你！"胡老师用两个案例的对比，告诉我们，同样的事件，同样的母爱，因为表达不同，孩子感受到的爱就不同，结果有天壤之别。所以，爱孩子是一种技术，也是一门艺术。如何正确表达我们的爱？当与孩子交流时，语言上从正面鼓励、肯定、认可孩子，同时辅助以肢体语言、表情动作、语气语调，从不同方面带给孩子爱的滋养，这样我们父母的爱孩子们才能感受到。当父母的爱被孩子们感受到，爱的能量才会在亲子之间流动。我们也会成为真正会爱孩子的父母。（点评人：烟台市福山区第二实验小学　贾相荣）

家庭教育故事：好好说话，拯救拖拉的内向"老大"

总以为"老大"大了，不再需要亲亲、抱抱，其实再大的孩子终究还是孩子！愿我们二孩妈妈读完该案例，就给"老大"一个拥抱吧！

——题记

一、案例描述

这是一个妈妈讨厌拖拉内向的老大，喜爱能言外向的老二的真实案例。案例中的老大明瑞是我班上的一名学生，那年他12岁，正值叛逆期，他弟弟那年就读二年级。明瑞爸爸常年在外地工作，妈妈在弟弟上学后不久重返职场。于是1年前，爷爷奶奶主动到明瑞家帮忙照顾他和弟弟的日常上学生活。

那年临近小升初期末复习，明瑞爸爸给他连续请了3天病假。本该返校的第4天早自习时间，我接到了明瑞爸爸的电话："王老师，不好意思，今天继续给明瑞请假吧"。在电话中，明瑞爸爸支支吾吾，在我的再三追问下，明瑞爸爸才说出实情：原来明瑞这几天一直在和妈妈闹情绪，故意不上学。在简单了解了事情原委后，我建议妈妈能来学校一趟当面聊一聊。当天上午，我们就等到了明瑞的家长，不过来的不是妈妈，而是明瑞的奶奶。

"王老师，我实在是没办法了，请你们帮忙劝劝明瑞妈妈吧！明瑞妈妈刚刚换了新的工作，每天都很忙，晚上回到家还要辅导明瑞的作业，但明瑞偏偏就是拖拉墨迹，作业常常写到10时许，他妈妈越催，他越不干。最近几天明瑞在家天天和他妈妈闹，两个人经常吵到晚上后半夜，现在基本上都不说话了，明瑞也没有了上学的念头，天天躲在自己的房间里玩手机……"听着明瑞奶奶的描述，我着实吃了一惊：那个勤奋好学的明瑞哪去了？

二、案例分析

明瑞与妈妈之间的"战争"，究其原因主要有：

1. 妈妈的焦虑

重返职场的明瑞妈妈白天面对的是工作压力，晚上还要督促明瑞完成作业。日复一日的这些生活琐事，无形间增加了明瑞妈妈的焦虑情绪。作为旁听者的我，从奶奶的口中，能明显感受到明瑞妈妈对弟弟的喜爱以及对明瑞的不满。"你看弟弟做事多快啊！你再看看你，作业做半天"，"你早点完成作业，我就能陪陪弟弟玩了"……通过这些语言，我们不难看出，一方面明瑞的妈妈对明瑞寄予厚望，严格要求明瑞。另一方面，当看到明瑞做事拖拉时，又在不停地将两个孩子进行比较。也正是这种无意识的比较，深深地伤害了明瑞的自信心。

2. 明瑞的认知力的局限性

"妈妈可能更爱弟弟""弟弟比我更讨人喜欢""不论我做什么，妈妈就是想着多陪弟弟"……在这样一次次的心理暗示下，明瑞采取了极端的方式来回应。凭明瑞的认知能力还不足以完全理解，弟弟需要父母更多地照顾。为了表达不满，明瑞选择欺负弟弟，"谁让你抢走妈妈的"；为了引起大人的关注，明瑞选择与妈妈对着干。"我就故意拖拉，明明可以早点完成，但我就偏不，这样你们就注意到我了"……

三、案例指导

1. 处理好大人自己的情绪

和谐温馨的家庭，一定离不开每一个家庭成员的努力。明瑞爸爸常常出差，虽有老人的帮忙，但明瑞妈妈常常还是需要自己独立面对两个孩子，这也是明瑞妈妈抱怨的缘由。明瑞爸爸要能够意识到这一点，并尽可能多地增加自己的亲子陪伴时光。明瑞妈妈要能够及时调整自己的情绪，不要给自己太大的压力，工作与生活的包袱可以适当地放一放，通过学习一些常见的情绪调节方法来缓解自己的焦虑情绪，努力成为一名情绪稳定的家长。

2. 接受两个孩子的差异性

每个孩子都是独一无二的。亲兄弟哪怕在外貌上极为相似，但在性格、气质类型、发育节奏等方面也会存在差异。所以，明瑞妈妈要能够接受孩子们的不一样：明瑞是内向型，沉稳、慢热；弟弟是外向型，活泼、果敢；无论是哪种性格、哪种气质特点，都没有优劣之分，父母需要做的就是了解孩子的特点，因势利导；而不是频繁对比，将孩子培养成自己期望的样子。

3.提升亲子沟通技巧，调动老大的成就感

因面临小升初，妈妈对明瑞的关注点更多的是：今天作业写完了没有，最近的成绩怎么样等，而缺乏与明瑞的其他方面沟通，如"今天在学校发生了什么有趣的事、同学间有没有小矛盾……"所以，明瑞妈妈要能够拓宽亲子沟通的范围，不仅是关心明瑞的学业，更要关心明瑞生活中的所感所惑。

另外，要多用鼓励、赏识性语言肯定明瑞，多用"瞧，你今天比昨天快了20分钟呢！"之类的语言代替"你怎么总是拖拖拉拉的，能不能快点！"等批判性言语。尤其是在弟弟的面前，更是要帮助明瑞感知自己在家庭中的带动作用。如在弟弟面前多说"哥哥做事不急躁，有条理，真是弟弟的榜样呢"，从而与老大建立起有效沟通的模式。

四、案例效果分析

经过一段时间的家校合作，明瑞的爸爸向我们反馈孩子在家很多方面都有了较明显的进步：与妈妈、弟弟的关系都变得较为融洽，在日常生活中能较为及时、恰当地分享自己的想法。相信明瑞一定会变得更好。

五、案例反思

育儿无定法。在帮助明瑞家解决这场亲子风波时，我深有感触。因为我本身也是一位二孩妈妈，在养育二孩的育儿路上，我也是在不断探索中。但我相信只要给孩子足够的尊重，对孩子敞开心扉，好好说话，那么即使我们会遇到各种各样的问题，但我们最终都能找到合适的方法。

作者：王涛

点评：二孩家庭，特别考验父母的养育水平和解决问题的能力。由于认知的局限和情感的偏颇等各种原因，很多父母往往容易忽略老大，偏爱老二，造成老大感觉自己不被爱，出现各种偏差行为。就像王老师提供的这个案例，明瑞就用欺负弟弟的行为，来表达自己对母爱被"夺走"的愤怒；用不上学来对抗妈妈，来争取妈妈的关注。明瑞的这些偏差行为，又引起妈妈更多的不满和焦虑，妈妈对明瑞的埋怨和指责越多，明瑞的偏差行为就会越多越严重，这样母子之间的关系就陷入恶性循环。如果明瑞感觉自己是不可爱的，感觉自己是无能的，他的自信心就无从谈起了。王老师及时关注到了，找到了问题的根源，给予了明瑞父母有效的指导，找回了原来那自信、勤奋的明瑞。

二孩家庭，应邀请老大参与照顾弟弟妹妹的生活，给予老大更多的关爱和尊重，在照顾弟弟妹妹的各种事情中培养责任感，积累能力感，老二在被照顾的同时，应学会感恩，相信家庭氛围定会温馨友爱，和谐幸福。

（点评人：烟台市福山区第二实验小学 贾相荣）

家庭教育故事：亲子沟通——家庭和谐的重要因素

提起家庭教育，相信每一位家长都有一肚子话要说，现在家长工作压力大，生活压力大，而这种压力在我们面对孩子们的时候，就转给了他们，使孩子们的压力也非常大，这就造成整个家庭的氛围，是焦虑的。以我自己的家庭为例：

我自己家的家庭氛围开始时也是很焦虑的，我和孩子爸爸都是从农村考出来的，从小到大没有兴趣、特长。在各自的单位里，单位组织的娱乐活动都不能参加，无形当中可能多了一层自卑，所以就不想让自己的孩子，将来再这样，孩子很小的时候就参加各种兴趣班，孩子上小学的时候，又多了学习计划，导致孩子小小的年龄，非常地疲惫，他稍微一反抗，我就会以我和他的爸爸经历来教育他，时间久了，他也厌烦了，而我和孩子的爸爸内心也充满了委屈，感觉现在的孩子身在福中不知福，不懂得感恩。整个家庭氛围天天剑拔弩张，邻居很多时候都能听到我和孩子爸爸的怒吼声和孩子不服气的哭闹声。

这样持续了很久，我发现孩子的性格有些偏激，这个时候我静下心来反思了自己：是呀，自己都不能做到音体美全面发展，凭什么这样要求孩子，而且我和孩子爸爸也没有音体美的细胞，这样强制要求孩子，只能适得其反。记得有一次，孩子向他的姥姥说我："我妈妈，一边看着我写作业，一边扒拉手机看小说，还不断地来训斥我，经常一句话不说，上手就打。"我突然意识到自己的家庭教育可能真的存在很多问题。

为此我查阅了很多的资料，了解并学习了一些家庭教育的例子，为了孩子也为了家庭有个正常的氛围，我下定决心改变自己。如果说完全放弃孩子，让孩子自由发展，我肯定做不到，我们不是大富大贵的家庭，将来孩子一定要有自己的能力在社会上生存。对于普通家庭来说，学习是最简单的捷径，所以孩子是一定要好好学习的。通过与孩子的沟通，在尊重孩子的基础上，我和孩子爸爸做了以下的改变：

第一：跟孩子好好谈谈心，尊重孩子的意愿，从众多的兴趣班中让孩子自己选择一两个感兴趣的，并承诺能坚持下去，让孩子深入学习，并发展成自己的特长，其他的都给孩子断掉。为孩子节省了大量的时间。

第二：为孩子制定《儿童成长自律表》，跟孩子平等地交流，告诉孩子只要高质量地完成妈妈布置的作业，其余时间，就可以自己做主，甚至可以提出自己一个小小的要求，在能力范围内，我和孩子爸爸会尽量地满足。例如，我给孩子制订了寒假学习计划，我们家孩子有一个优点，很聪明，所以计划看着挺多，但都能按时完成。

孩子为了早早完成计划，寒假每天早晨五点半就起床，把该背诵的，该朗读的，8点之前都完成，而且非常地开心。空余的时间我就会按照他的要求带他去游乐场或者滑雪场玩耍，在这个过程中，孩子会和我说一些他的心里话："妈妈，我觉得我现在充满了力量，以前你一布置任务，我就烦躁，经常偷着玩，上课也不认真听讲。现在我觉得不管是学习还是玩耍，我都充满了力量"。看到孩子的改变，我真的很开心，觉得自己做得是非常正确的。

第三：孩子毕竟还小，有些事情需要家长的正确引导，你天天告诉他，他多么幸福，他是感受不到的，甚至会厌烦。为解决这个问题，我从网上搜集了很多加沙地带儿童的视频以及记者采访他们的视频，同时带着孩子去批发市场走走、看看，看到很多孩子放假了，天不亮就帮着父母干活，他切切实实地感受到父母为他提供的生活条件相对来说，是比较好的，让孩子有一颗感恩的心，在这样的操作之下，我能明显地感受到孩子的变化。以前家里有什么好吃的、好喝的，他总是拿起来就吃，现在只要有长辈在，他都会先挨个分给长辈，虽然说在这个过程中，我和孩子爸爸没有在语言上说太多，但是这样潜移默化中和孩子沟通，效果更为显著。他现在经常挂在嘴边的一句话是："谢谢爸爸妈妈，我感觉很幸福"。

第四：改变自己的行为，陪着孩子一起学习，对自己实行"杀机"活动，只要和孩子在一起，就关闭手机，和他们一起听故事，一起背古诗，一起背英语单词，这个过程一点不痛苦，父母以身作则了，孩子也更加信服了，也慢慢地爱上了学习，真正做到了在快乐中学习。作为家长，我在这个过程中，收获了孩子的信任也收获了知识，多久没有静下心来好好看书了，就像董宇辉一样，他是真的爱好书籍，才能做到用心去推广，得到很多人的信服，重新让他的粉丝爱上了读书，我虽然不能做到让别人喜欢，但是我希望自己能够作为一名爱读书的家长，来引导自己的孩子，不需要太多的语言，书就是我们沟通的工具。

我和孩子爸爸的以上改变，其实总结起来就是加强了与孩子的亲子沟通，以前所有的活动都是强加给孩子的，没有尊重孩子的想法，我们改变了以后，不仅在思想上及时与孩子沟通，更在行动上对孩子有足够的尊重。同时以身作则，使孩子在各个方面都进步很大，而且在这种比较轻松的氛围下，我家老二也爱上了学习，哥哥背古诗他也背，哥哥弹吉他他就弹钢琴，在这种良好的沟通之下，孩子学的知识反而更多。

我和孩子爸爸也是新手父母，也是在不断地摸索家庭教育的门径，希望我们的故事，会对其他的家庭有所启发，我也会更加努力，让孩子在健康的环境下不断进步。

作者：辛文化

点评：家庭教育中父母需要把主动权交给孩子，放手让孩子去选择，而家长可以提供的是环境和支持，因为一个良好的环境可以让孩子的选择有的放矢，甚至可以激发孩子的兴趣，一个整天被家长控制的孩子，根本没有选择的可能和空间，贫瘠的环境往往会催生出孩子贫瘠的心灵。就如案例中的孩子，当生活被父母安排得满满的时候，家庭中就出现"鸡飞狗跳"的状况，当孩子有主动权、选择权时，他会为自己定的目标去努力。

家庭中父母是孩子的陪伴者。既然是陪伴者，就要做到高质量陪伴、专心陪伴、用心陪伴、互动陪伴，不能只是起到看管作用。

案例中的父母陪伴孩子时，放下了手头上的事和手机，全身心投入，让孩子感觉到他是被看见的、被关注的、被重视的。人人都需要存在感，特别是小孩，这是源自爱和关心的需要。（点评人：烟台市福山区第二实验小学　贾相荣）

第十六讲　行为评价能力

家长朋友们，在与孩子相伴的过程中，我们常常要对孩子的各种表现进行评价，给以反馈，而好的评价能促进孩子更好地成长。对孩子行为进行评价，是孩子家长的一项关键能力。今天，我们就来讲讲评价的问题。

一、什么是行为评价

在幼儿社会教育方面有一种很重要的方法，叫作行为评价法。这是一种对孩子的行为表现给予肯定或否定的评价，以增强和巩固其好的行为，削弱或约束其不好行为的方法。这要求家长具备良好的行为评价能力，恰当的行为评价能引导孩子行为的健康发展。行为评价根据观察方式的不同分为等级评定法、自然观察法、创设情景法等；根据评价内容分为语言能力评价、自我服务能力评价、社会交往能力评价、动作发展能力评价、观察力评价和注意力评价等。

二、行为评价中存在的问题

1. 行为评价形式的问题

有三件事，一件是指责孩子，一件是嘲笑孩子，一件是帮助孩子。如果问我们最应该做哪一件？毫无意外，我们会选择后者。嘲笑有意义吗？母亲问女儿这次考试考得怎样，女儿说考第六，父亲马上跟一句，是倒数第六吧？孩子眼泪当场就下来了。女儿读小学二年级，母亲问女儿考试考得怎样，女儿高兴地说，妈妈，语文一百，数学一百。妈妈问了一句，真的吗？女儿说，真的。妈妈又问，真的吗？女儿流泪了，妈妈，您不信任我。您为什么老是怀疑你的孩子，这是什么习惯呢？好好一顿饭，一句玩笑话，孩子吃不下饭了。嘲笑孩子，大人很快乐吗？他们还小，他们做错了很正常。我们也出错，我们出错的时候希望别人嘲笑吗？有的家庭父母跟孩子沟通的时候不在意这些，觉得很好玩，只是开个玩笑，其实对孩子全是伤害。要不就喜欢挑问题，孩子干什么都不对，干脆就不做了，反正我什么都不行，最后孩子特别没有自信。

2. 行为评价对象的问题

如果家长的认知不正确，不知道往哪里引导，就麻烦了。教育先说内容，后说方法；离开正确内容，不敢讲方法。有的家长不会表扬，反而越表扬越跑偏。"女儿，这个裙子真漂亮。"小孩子夸她裙子干什么呢？把孩子给误导了，怎么办？

三、行为评价的具体操作

每一个年龄段的评价参照标准都是不同的，我们是按照心中的好坏作为标准，还是按照社会规律和规范作为标准？我们的评价依据又是否清晰呢？

行为是由动机和结果构成的，我们是评价孩子行为的动机，还是评价孩子行为的结果？是评价孩子当下的行为，还是看孩子行为对未来的影响？

作为家长，要系统思考，站在教育之上来看待教育，给孩子一个能看到希望、看到未来，拥有源源不断动力的评价。

1. 行为评价的角度

行为评价的角度，就是指评价孩子行为的切入点。评价孩子行为时，要透过现象看本质，不仅要看行为的结果，更要看行为的动机。也就是说，家长要通过观察孩子的行为，看到孩子行为背后的动机。我们往往只看到结果，只重视结果是否达到自己的心理预期，而忽视了行为动机。

从动机和结果两个方面评价孩子行为，往往会出现四种结果：好的动机达到好的结果、好的动机达到不好的结果、不好的动机达到好的结果、不好的动机达到不好的结果。

忽视动机的行为评价对孩子来讲是不公平的，只要是好的、善良的、利他的、有建设性的动机，哪怕行为上有一些偏差，我们在评价时，也要给予鼓励、欣赏和认同，然后再从行为上不断地进行引导和调整。

下面的案例有利于我们更详细地对这一问题进行了解。班级里有一位同学特别热心，很有集体荣誉感，即使不是值日生也参与劳动，主动把班级里的废纸丢到垃圾筐里，然后倒在走廊楼梯后面。这位同学的动机是想让班级环境卫生变得更好，但是行为不恰当，没有把垃圾筐里的纸倒进校园门口的大垃圾桶，而是丢在了走廊。

对此，我们在评价行为时需要先肯定这位同学的动机，然后再引导他的行为。

还有一位同学，他经常把同桌的橡皮藏起来或者丢掉，但是同桌上课找不到橡皮，没有橡皮用的时候，他又主动把自己的橡皮借给他用，这样的动机是不良的，不管结果如何，要予以制止并深入教育引导。

2. 行为评价的方法

行为评价的方法我们介绍一下"描述式认可"。描述式认可是在孩子的某个行为当中，实事求是地描述事件过程，然后对做得好的方面加以认可、肯定和鼓励。这是一种兼顾动机与结果的方法，既能辩证看待孩子行为，又能激励孩子转变自己的行为，产生自我转变的内在动力。

这个方法的作用机制是怎样的呢？美国行为主义心理学家斯金纳的强化理论认为行为之所以变化就是因为强化作用。也就是说，针对某种行为，可以通过强化引导孩子习得。咱们老百姓经常会说，你越表扬他能干，他就越能干；你越表扬他努力，他就越努力。当我们不断强化孩子的某个行为时，这个行为出现的频率就会大大增加。

所以我们平时观察孩子的时候，要不断地抓取这样的行为，不断地认同它、认可它、鼓励它，让这种行为成为习惯。

我们还是通过案例做一些详细说明。比如，面对有的孩子写作业很磨蹭，磨蹭到家长不耐烦，妈妈说："你太磨蹭了，写作业太慢了。你看看，你都写到六点半了还没写完。你同桌写作业就不像你这么磨蹭。"

在这段描述当中，出现最多的词就是磨蹭、慢，我们不知不觉中强化了"磨蹭"和"慢"这两种行为，如果我们每天都这样强化，那孩子逐渐形成的自我评价就是"我是磨蹭的，是慢的，是不好的"。那我们该如何强化呢？很简单，把负向消极的评价转化成正向积极的引导。我们可以这样说："儿子，我看到你一放学就开始写作业，才六点半，你就完成了，比昨天学习更认真，时间上也提前了十分钟呢！看来你的自我管理能力进步飞快呀！"当然，孩子的进步可能并没有那么大，但我们要往进步这条路上去引导和评价。

一次，我在线下讲课的时候，有家长说："你看看人家孩子9点就写完作业，我们这个写到11点，你让我怎么表扬他？"显然，家长的内心期待和孩子的现有水平差距非常大，而且家长很想让孩子一步跨越。如果原本写作业需要两个小时，希望瞬间变成半个小时，这种期待是不太可能实现的。所以我们需要把自己的期待降低，降低到孩子的现有水平，在这个基础上，引导孩子一点点地进步，一点点地成长。

就拿背古诗来说，孩子原本用20分钟，今天用了15分钟，我们可以给孩子一个正向强化："我发现你的预习能力提升了，背古诗的速度加快了，说明你也更加专注了。"

在这段描述式认可中，我们强化的是"能力提升""速度加快"和"专注"这三个点，那孩子的自我评价就是："我的能力提升了，更加专注了，我变得更强了。"更重要的是孩子内心会产生莫大的成就感，即使是学霸，也会在不断追逐学习的过程中获得成就感。为了这种成就感，我们的孩子会持续不断地努力，变成更好的自己。

有的父母不明善恶，不知道该给孩子评价什么。比如说，孩子学会了占小便宜，这必须纠正；孩子主动学习了，学会礼让同学了，懂礼貌会和大人说话了，会帮父母劳动了，这些要表扬。父母一定要清楚哪些该赞美、表扬、鼓励。有人担心夸孩子会让孩子虚荣起来，如果您夸奖的表扬的是善，就不会，因为善里没有虚荣，虚荣里没有善。虚荣就像虚无的泡沫，泡沫里开不出灿烂的花，一戳就破，而谦虚是真心实意的善，是肥沃的心田，能结出累累硕果。表扬肯定孩子谦虚的品质并不会让孩子生出虚荣心。

孩子如果考了高分，不要表扬他的高分，要表扬他的奋斗、他的自信。孩子说俏皮话，绝对不要表扬，因为会助长他的坏习惯。很多孩子学会骂人，父母不及时制止，还嘿嘿地笑，越笑孩子越会骂，以为这个事挺好玩。父母如果不懂得慎于始，父母的默许，父母的微笑，会让孩子误以为这事是正确的。

3. 行为评价语言的使用

确认。"谁擦的黑板呢？""老师，是我。"一问一答之间，孩子很开心。"今天这个地擦得真干净，是你擦的吗？""妈妈，是我擦的。"这些是"确认"，您通过对这个事的确认，让他知道做对了。

鼓励。鼓励孩子，就是我们前面说的相信、鼓励，尤其在孩子自信不足的时候，特别需要。鼓励，不是一般的鼓励，而是一套完整的方法，先弱化恐惧，再给予信心，再教会方法，再及时肯定，孩子慢慢就会自信。自信的力量非常强大，人自信了，无所不能。

4. 行为评价的要点

及时。一定要在当下最关键的时候确认，擦黑板了，马上按下确认键，扫地了，马上按下确认键，而且要真实，因为孩子的心是真的。

真实。当我们大人说的话不真实时，孩子内心会充满问号。您的女儿考第五，别人问，您偏说考第一，孩子会脸红，"妈妈，您怎么能撒谎？"要说实话，有一说一，没有就不说。

细节。宽泛的评价性语言适合大孩子，如果儿子十八岁了，您跟他说"我儿子真厚道"，他听得懂。小孩子对于厚道这样的词理解不了那么深，但是小孩子能听懂细节，如果您说"每次我下楼的时候，你都会主动帮我开门"，孩子就听懂了，就记住了。

希望大家能够在生活中多践行，拥有更强大的行为评价能力，辩证看待孩子的行为动机和结果，降低期待，多多运用描述式认可给予孩子们正向积极的评价，激发孩子自我转变的内驱力。

家庭教育故事：家庭教育的指南之星

我是一名90后的妈妈，孩子目前读小学五年级，她是一位性格开朗活泼的小姑娘。提到了"活泼"一词那么相信大家的脑海中随即联想出来的便是"好动"，毕竟二者密不可分嘛。因此，这就注定了孩子的日常学习生活中会发生些许令老师、令父母头大的"小惊喜"和"小意外"。那么该如何解决这个问题呢？

在今年清明节前夕，围棋兴趣班组织了一场区级围棋定段大赛。按照孩子目前所学阶段的水平还不足以报名参加定段赛，但是为了积极支持、鼓励她敢于在不同环境下挑战自我，我便帮她报名参加了比赛。当天，比赛现场热闹非凡，参加比赛的小选手们更是个个精神抖擞，意气风发，孩子虽然很开心，但是面对这么大规模的比赛，我明显地感受到了她的紧张和忐忑。在发现了她的情绪后，我便耐心地开导她，告诉她每一次参加比赛都是一次成长的历练，输赢不重要，重要的是在紧张、激烈的比赛过程中如何调整好自己的心态去从容地应对。在听到我对她的一番开导后，她调节了一下自己的情绪，淡定地走入了赛场。

比赛共分为5场，每场比赛结束后到家长等候区集合等待下一场比赛。说实话，此时的我内心也是紧张万分的，但是不能表露出来影响孩子的情绪。大概过了15分钟，第一场比赛结束，我也在人群中看到了慢悠悠向外走来的孩子，从她的表情中能判断出比赛结果来。于是当她要告诉我成绩的那一刻，我立即话锋一转，没有直接关心比赛结果，而是很自然地询问她比赛对手、比赛现场等方面的情况，因为我知道此时的任何评价都将影响到她后边的几场比赛。第二场，又如期进行着，这次比赛结束后孩子看见我直接流泪了，虽然我的内心也同样流泪，但是表情上却不能有体现。这次我就很认真地和她交流比赛过程中的失利原因，以及鼓励她如何在后边的比赛中调整好心态，赢得比赛。这时，孩子低落地说："妈妈，我不想参加后边的比赛了，我感觉我赢不了，其他对手都太优秀了"。而我也明白，此时孩子的情绪已经达到了低落点，所以，输赢对她来说已然不重要，能够完整地坚持下来这5场比赛，于她而言便是突破和胜利。于是，我语重心长地对她说："孩子，你能自主地甘愿来参加这场比赛，在妈妈眼中你就已经是最棒的了。至于输赢，并不能作为你优秀与否的唯一凭证。妈妈更希望你在比赛过程中能够发现自己的优点和不足，不断地自我突破，从而战胜困难，取得好成绩。加油吧，孩子，我相信后边的比赛你定会取得好成绩"。她在听了这番话后，似乎吃了一颗定心丸，随即整理了一下情绪，信心满满地走进了比赛现场。

最终孩子真的克服了前阶段比赛带来的负面情绪影响，在后边的三场比赛中战胜了对手，取得了优异的成绩。当孩子拿着奖状向外飞奔而来的那一刻，我才不禁感叹，面对孩子的失败，教育的方式不仅仅是只有批评、指责和抱怨，更多的应该是理解、支持与鼓励。让孩子在失意的过程中也能感受到来自家庭给予的温暖，这个时候对孩子的行为评价将包含了一位称职妈妈对孩子最真切的爱意。

在孩子的成长过程中，家庭教育的确是不可或缺的一部分。正确的家庭教育方式能够引导孩子形成良好的行为习惯、价值观和情感态度，为孩子们的未来奠定坚实的基础。而在家庭教育的众多能力培养中，行为评价能力的作用和效果更为显著，这就要求我们家长着重培养以下能力：一是观察能力。能够密切关注孩子的言行举止，通过观察发现孩子的优点和不足，并且能够积极发现孩子的进步和后退情况，为后续的家庭教育提供有力的依据。二是沟通和反馈能力。与孩子时刻保持良好的沟通，无论是在孩子的日常学习还是在日常生活中，都能够认真地去了解他们的内心想法和感受；在沟通的过程中，我们也要学会如何给予孩子适当的评价和反馈，让他们在成长过程中更加自信、独立，有责任感，并指导他们正确认识到自己的行为，这将拉近与孩子的亲密度，得到孩子的信任并乐于与您分享她的喜怒哀乐。三是表扬与鼓励：在孩子的日常表现中，懂得恰到好处地去表扬孩子的努力和进步，哪怕是今天少错了一道数学题，或者回家主动收拾桌子等，将原本家长眼里视为的理所应当转化成对比后的激励表扬，从而激发孩子们的自信心，同时，鼓励他们积极面对挑战和困难，培养孩子的抗挫能力。

在当今时代经济、科技高速发展的情况下，家庭成员之间的互动和沟通显得尤为重要。真正好的家庭教育不是父母花多少费用去聘请各种家教老师或者是把孩子送到各种特长班里去学习、去熏陶，家长自己却置身事外。优秀的家庭教育应该是我们做父母的每天温情地陪伴，是喜悦时的分享，是失意时的鼓励，是做事风格的影响，也是做人格局的渲染，我们要做具有行为评价能力的家长，不仅能够清晰地表达自己的观点和期望，还能够通过观察、判断和公正的方式引导孩子形成良好的习惯和品格。这样的家庭教育方式不但能够促进孩子们的健康成长，而且还能为家庭带来更多的和谐与温暖。在孩子的成长历程中，倾听是标配，陪伴是高配，信任是顶配，愿我们每位家长都能够用心去呵护，用行动去保护孩子的每一刻。

作者：荆理

点评：家庭教育中父母的鼓励是孩子成长的动力之一。

当孩子遇到困难、挫折或失败时，父母的鼓励和支持是他们重新振作和继续前行的动力。父母可以通过积极的言语和行为来鼓励孩子，让他们相信自己的能力和潜力。案例中孩子在围棋比赛时连续失利，挫败感让孩子失去了信心，妈妈认同了孩子的感受，及时疏导孩子的负向情绪，给予孩子鼓励与支持。

情感支持是孩子健康成长的基石。

在情感支持中，父母应该倾听孩子的内心需求和情感表达，给予他们温暖、理解和关爱。当孩子感到困惑、焦虑或彷徨时，父母的情感支持能够让他们感到安心和安全，从而增强他们的自我认知和自我价值感。（点评人：烟台市福山区第二实验小学　贾相荣）

家庭教育故事：陪孩子一起成长

孩子是上天赐给我们的礼物，感恩遇见孩子，让我成为一个母亲。

依稀记得初为人母，喜悦、慌乱。作为新手妈妈的我经常处在崩溃与自愈的边缘，在应对婴儿的简单吃睡方面都备感无力。和丈夫在疲惫中撕扯，看到娇小的孩子在我怀中害怕地哭泣。我知道我需要学习了。家庭的建造，需要快乐的妈妈。妈妈的情绪稳定是孩子的幸福源泉。从那时起，我开始阅读有关家庭教育的书籍。

我们知道开车需要有驾驶证，做厨师需要有技能证，每个职位都需要有特定的资格证。但作为父母我们没有任何证书就已经上路了，而我们的孩子这一"产品"也没有相应的"使用说明"。这就需要我和孩子一起学习、一同成长。在我和孩子的沟通中我总结了三点原则：

一、无条件的接纳

接纳是沟通的前提，接纳孩子，除去自己的任何期待，爱孩子本来的样子。爱是如你所是，不是如我所愿。接纳是爱孩子本来的样子，不是爱他的外在表现。

我经常会和孩子说，谢谢你的到来，你给妈妈带来了很多快乐。我爱你。虽然，在孩子的成长中也渐渐暴露出孩子的一些行为，在我看来不是如我所愿的。但要让孩子知道，无论如何我都爱她。一次，孩子端着一杯牛奶跟跟跄跄地走向我。我担心她会洒出来。我告诉她，慢一点。牛奶还是洒了，那一刻我真是恼火，但我控制了自己的情绪。平和地说，没关系，你可以擦一擦吗？我认识到在我生气的背后是我的潜意识在作怪。因为从小我打翻东西经常会受到呵斥。依稀记得小时候妈妈把刚炒出来的菜让我端上桌，我就打翻在地，随之而来的是妈妈拿炒勺敲在我的头上。那一敲很痛，心里更痛，心痛自己的无助，也心痛妈妈的无奈。所以我理解我的孩子，她不是有意的，她只是还没有长大，她需要时间，需要我的耐心，需要我说："没关系的，宝贝，你慢慢来。"

二、理解孩子的心

在孩子哭闹，我因此而烦乱时，也会对孩子说，妈妈刚刚情绪不好，我依然爱你。小小的孩子很容易因大人的怒吼而害怕。我需要认识到情绪背后我的需要是什么，我的期待又是什么。现在孩子处于秩序敏感期，她对于熟悉的顺序才有安全感。一次爸爸拿笤帚要扫地，她哭着说，妈妈扫，妈妈扫。因为经常是我会在饭后扫一下地上的碎屑。丈夫突然不耐烦了执意要扫。她就过去拿笤帚，哇哇地哭了。我了解她的想法，过去安慰她，并扫了地。她一会儿就好了。孩子的哭闹很容易让大人烦乱。要知道我需要的是让孩子安静。

理解孩子的心，关注行为背后的动机，慢慢引导孩子的品格养成。同时，用亲吻、拥抱等动作来表达对孩子的爱。《爱的五种语言》一书中，提到了身体的接触能让彼此释然和感到被爱（盖瑞·查普曼，2006）。因此，在引导孩子的时候，我经常会拥抱孩子，让她知道妈妈的爱。在拥抱中我们的心彼此贴近，这让沟通更加和谐。

三、学习沟通方法

在和孩子的相处中，我认识到沟通是有方法的。首先最重要的就是聆听。聆听说起来容易，做起来真的不容易。这是我在和丈夫的沟通中认识到的，我经常会急于评判，惹得丈夫不想继续分享。对于孩子也是，耐心地倾听就是爱的表现，把时间给孩子，倾听她的需要，引导她表达她的想法。孩子经常会哭唧唧地表达自己的想法。一次，她自己玩积木时，哭唧唧地啊啊叫。此时，我就会过去蹲在她旁边引导她说自己的想法。她慢慢地说，她想搭起来，可是积木倒了。耐心倾听孩子的需要和她心里的想法，也使得孩子的情绪得到舒展。虽然孩子也会犯错，也需要管教，但管教是纠正，不是惩罚。亲密关系先于管教。其次，就是认同孩子的感受。想他人所想，拥有同理心。当我试着去认同孩子的感受时，孩子的情绪就得到了很多的释放。认同是不添加任何的评价和建议，是尊重孩子，让孩子的心更愿意敞开。

"也许大海给贝壳下的定义是珍珠，也许时间给煤炭下的定义是钻石。"（王永利，1999）陪孩子一起成长，在时间的无涯里慢慢沉淀，让亲子的沟通更明朗。路漫漫其修远兮，愿与孩子一起同行共走。希望我的成长速度能赶上孩子的生长，让我们一起见证亲子的美好。

作者：贾彦叶

点评：心理营养是由林文采博士于2008年提出的，这一概念是相对于生理营养而提出的（孙永娟，2016）。林文采博士认为，孩子的健康成长需要父母提供五大心理营养，而其中的第一个心理营养就是无条件接纳孩子。无条件接纳孩子的真正含义是尊重孩子的身心发展规律，理解并接受孩子行为背后的情绪和原因，而不是盲目地满足孩子的所有要求。作为父母要了解孩子，接纳孩子在不同成长阶段的特点，接纳孩子的一些表现。就像文中的孩子哭着要妈妈扫地，并不是孩子无理取闹，而是她处在秩序敏感期。孩子的情绪体验很丰富，但认知和表达情绪需要一个过程。很多情绪体验孩子心里有，但是嘴上并不能准确地表达出来，需要家长在生活中多多启发与引导。作为家长敏锐地发现孩子的情绪，准确识别孩子的情绪，耐心倾听，帮助孩子表达，找出情绪背后的原因，才能有效帮助孩子

缓解情绪。（点评人：烟台市福山区第二实验小学　贾相荣）

总结：本章介绍了好家长的四项关键能力，教育能力是家庭教育质量提升的关键，家长需要进行相关学习才能掌握和运用。本章重点介绍了认识儿童能力、选择教法能力、亲子沟通能力和行为评价能力的具体知识和提升路径。

参考文献

[1] 习近平. 坚持中国特色社会主义教育发展道路 培养德智体美劳全面发展的社会主义建设者和接班人[J]. 教育科学论坛，2018（10）：7-9.

[2] 祝红. "试误说"在教学中的运用[J]. 管理观察，2008（10）：140-141.

[3] 申西慧. 父母教养方式对初中生心理韧性的影响：情绪调节策略与自尊的链式中介作用[D]. 沈阳：辽宁师范大学，2022：2.

[4] 李柏映. 教子有方[M]. 北京：世界知识出版社，2017：71-84，118，164-196.

[5] 斯蒂芬·盖斯. 微习惯[M]. 桂君，译. 南昌：江西人民出版社，2016：12.

[6] 马卡连柯. 马卡连柯全集（第三卷）[M]. 北京：人民教育出版社，1957：400.

[7] 王承凤，宫伟. "罗森塔尔效应"在儿童声乐教学中的应用研究[J]. 音乐生活，2021（07）：55-57.

[8] 吕晋. 萨提亚家庭治疗模式在高校大学生心理问题中的探索应用[J]. 教育教学论坛，2020（37）：77-80.

[9] 杜宜展，杨艳颖. 家庭亲密度对大学生孤独感的影响：人际信任的中介[J]. 牡丹江师范学院学报（社会科学版），2021（03）：63-74.

[10] 杜素娟. "亲密关系"的建构障碍，发生在哪里[J]. 教育家，2023（50）：18-19.

[11] 郭靖，陶德清，黎龙辉. 学习障碍儿童深度知觉能力的研究[J]. 心理科学，2001（06）：752-751.

[12] 白秀杰，刘桓旭. 欣赏孩子：对家庭教育实践的思考[J]. 白城师范

学院学报，2023，37（06）：82-86.

[13] 白秀杰，赵光磊，高金秋，等.无条件接纳孩子：对家庭教育实践的思考[J].白城师范学院学报，2020，34（06）：28-32.

[14] 姚思阳.期望的力量：谈教学中的皮格马利翁效应[J].教育，2018（18）：53-54.

[15] 姜庆伟，朱相华，乔娟，等.儿童时期虐待、人格、不安全感、自尊和自我效能对医学生防御方式影响的路径分析[J].中国临床医生杂志，2016，44（11）：78-81.

[16] 彭新英.数学智慧作业引导留守儿童走出厌学心理困境[J].学苑教育，2023（31）：94-96.

[17] 马文燕，马文琴，邓雪梅.家庭累积风险因素和父母教养方式对幼儿问题行为的影响[J].教育观察，2023，12（03）：14-17，79.

[18] 朱晓东，王凯丽，任围.家庭教育的力量：父母教养方式如何影响校园欺凌[J].中国青年研究，2023（03）：109.

[19] 刘冰冰，刘肖岑.避免孩子陷入网络成瘾的死循环[J].父母必读，2022（01）：108-109.

[20] 程立海.马克·吐温教女[J].宁夏教育，2007（12）：77.

[21] 黄河清.中美家庭教育的跨文化比较[J].外国中小学教育，2003（11）：12.

[22] 王成，尹永利.李肇星和夫人畅谈家事[J].半月选读，2009（15）：24-25.

[23] 王米.马克·吐温的幽默育儿法[J].快乐青春（经典阅读）（小学生必读），2013（1）：77-78.

[24] 王阳.小学生尊重观念的现状分析与对策思考[D].沈阳：辽宁师范大学，2015：35-36.

[25] 范晓双.小学生尊重观念现状及其改善策略研究——以瓦房店小学为例[D].沈阳：辽宁师范大学，2017：10-11.

[26] 谢弗，等.发展心理学：第九版[M].邹泓，等，译.北京：中国轻工业出版社，2016：536-538.

[27] 田录梅."尊重的教育"：让生命自然舒展[J].教育家，2022（11）：

21-23.

[28] 戴安娜·帕帕拉，萨莉·奥尔茨，露丝·费尔德曼. 发展心理学[M]. 北京：人民邮电出版社，2013：7-25.

[29] 林雪涛. 真正的依恋，并非"有奶便是娘"[J]. 课堂内外（作文独唱团），2019（12）：68.

[30] 柴文娟. 新时期家校沟通存在的问题及对策[J]. 甘肃教育，2024（02）：42-44.

[31] 金川显教. 讨厌的事打死也不做[M]. 麻春禄，译. 天津：天津人民出版社，2021：161.

[32] 罗辉. 用"无条件接纳"激发内驱力[J]. 家长，2024（01）：13-14.

[33] 盖瑞·查普曼. 爱的五种语言[M]. 王云良，译. 北京：中国轻工业出版社，2006：122.

[34] 王永利. 生根泥土——记土壤学专家石元春院士[J]. 中国科技月报，1999（05）：8.

[35] 孙永娟. 心理营养[J]. 女性天地，2016（08）：48.